カレーの教科書

水野仁輔

はじめに

カレーの世界はずっと神秘のヴェールに包まれてきた。「秘伝」という言葉に阻まれて核心に迫ることが許されなかったからである。秘伝のテクニック、秘伝のスパイス調合比、秘伝のかくし味……。専門店のレシピを公開する類の書籍や雑誌は数多く存在するが、肝心なところや最も知りたいところは巧妙にかくされている。それもそのはず。試行錯誤の末にたどり着いたレシピは、その店の生命線。包みかくさず公開するはずがない。だから言葉に出さないまでも「ここから先はお見せできません」という決まり文句が漏れなくつきまとう。

すべてを明るみに出さないことでカレーは〝一筋縄ではいかない奥深い料理〟として、多くのプロやファンの探究心に火をつけてきたのだ。とはいえ、シャットアウトされてしまってはどうにもならない。その先にほんとうに〝秘伝の何か〟があるかどうかすら疑わしく思ってしまう。ヴェールの内側をとことん見てみたいと思う人はまれな存在なのかもしれないが、少なくとも私はその点において人一倍情熱を傾けてきたと自覚している。

インド料理店で数年間の経験があるほかは、基本的に独学でカレーと向き合ってきた私にとって、カレー調理の世界には腑《ふ》に落ちないことが山積みだった。中には迷信や神話めいたフレーズが何かのお告げのように幅を利かせているケースもあった。たとえば、「何十種類のスパイスを調合した」とか、「何日間寝かせた、煮込んだ」とか、「あめ色玉ネギがカレーのすべてを決める」などなど。

天邪鬼《あまのじゃく》な私は、そのようなフレーズが伝家の宝刀のごとく振り下ろされるたびに「ほんとうに？」と疑問をもたずにはいられなかった。「ほんとうに？」と実際に誰かに尋ねて、「ほんとうだ！」と納得できるような回答を得たことは一度もない。カレーに関する国内外のあらゆる書物を読み漁ったが、どこにも答えは見つからない。

すなわち、カレーの世界には〝教科書〟が存在しないのだ。

途方にくれた私が選んだ道は、自ら答えを導き出すことだった。それまでの経験値から細かい疑問点を洗い出し、親しいカレーシェフたちの見解を拾い集め、カレーとは別ジャンルの料理からの知見を取り込むよう努めた。カレーの世界にあるさまざまな事象を論理的に分析し、体系化させようと試みたのだ。

頭の中にある疑問を一つずつ浮き彫りにして解決策をひねり出す。答えが出たかと思えばそこから次の疑問が生まれ、それを解決しようとするとまた別の悩みの種が顔をのぞかせる。この禅問答のような作業は、やればやるほどクセになり、私は果てしなく深いカレーの沼にズブズブとはまっていった。

私は、自分自身の「なんとなく成功し、なんとなく失敗する」を繰り返してばかりいる煮えきらないカレー作りから早く卒業したかった。おいしくなった理由を、まずくなった原因をとことん突き止めたかった。心の底から納得のいくカレーが作りたかった。そのためにカレーのルーツであるインド料理にメスを入れ、得体の知れない欧風カレーに取り組んできた。その結果、日本でカレーと呼ばれるすべてに通用するテクニックを発見することができたのだ。それをルール化して〝ゴールデンルール〟と名づけ、さらに調理法と仕上がりの関係をコントロールするための〝システムカレー学〟を開発した。カレーを自分が設計したとおりに自在に操ろうと考えたのである。

本書は、そんなふうにしてこれまで見つけ出してきた「答え」のすべてを包み隠さず一冊にまとめたものだ。

私にとって、これは〝集大成的な一冊〟ではなく、〝はじまりの一冊〟である。長い間不透明だったカレーの世界の視界を切り開き、無法地帯に記念すべき第一歩を踏み出すための道具となってほしい。だから本書をキッカケに一人でも多くのプロやカレーファンが、ともにスタートラインに立ってもらえることを強く望んでいる。

水野仁輔

みずのじんすけ・1974年、静岡県生まれ。5歳のときに地元・浜松市にあったインドカレー専門店「ボンベイ」の味に出会う。以来、小学校、中学校、高校と通いつめた。大学進学で上京してカレー魂に火がつき、都内を中心に食べ歩きをしつつ、インド料理店で働いて経験を積み、基本的なカレーのテクニックを習得。以後はひたすら独学でさまざまなカレーを研究し続ける。1999年9月に男性8人組の出張料理集団「東京カリ～番長」を結成し、調理師免許を取得して全国各地のイベントでカレーのライブクッキングを実施。2008年9月に男性4人組の日印混合インド料理集団「東京スパイス番長」を結成。毎年インドを訪れてインド料理の研鑽を積んでいる。『カレーの法則』、『カレーの鉄則』（ともにNHK出版）をはじめ、カレーに関する著書は30冊以上。その他、現在は自らカレーに特化した出版社「イートミー出版」を立ち上げ、マニアックなカレー本の制作を行っている。
http://www.curry-book.com/

目次

Chapter 3
カレーの技術　96

Chapter 4
カレーの応用　124

本書で使用しているカップは200㎖、計量スプーンは大さじ15㎖、
小さじ5㎖です（1㎖＝1cc）。
オーブンに入れる鍋・容器は、耐熱性（オーブン対応）の物を使用してください。

Chapter

1

カレーのすべて

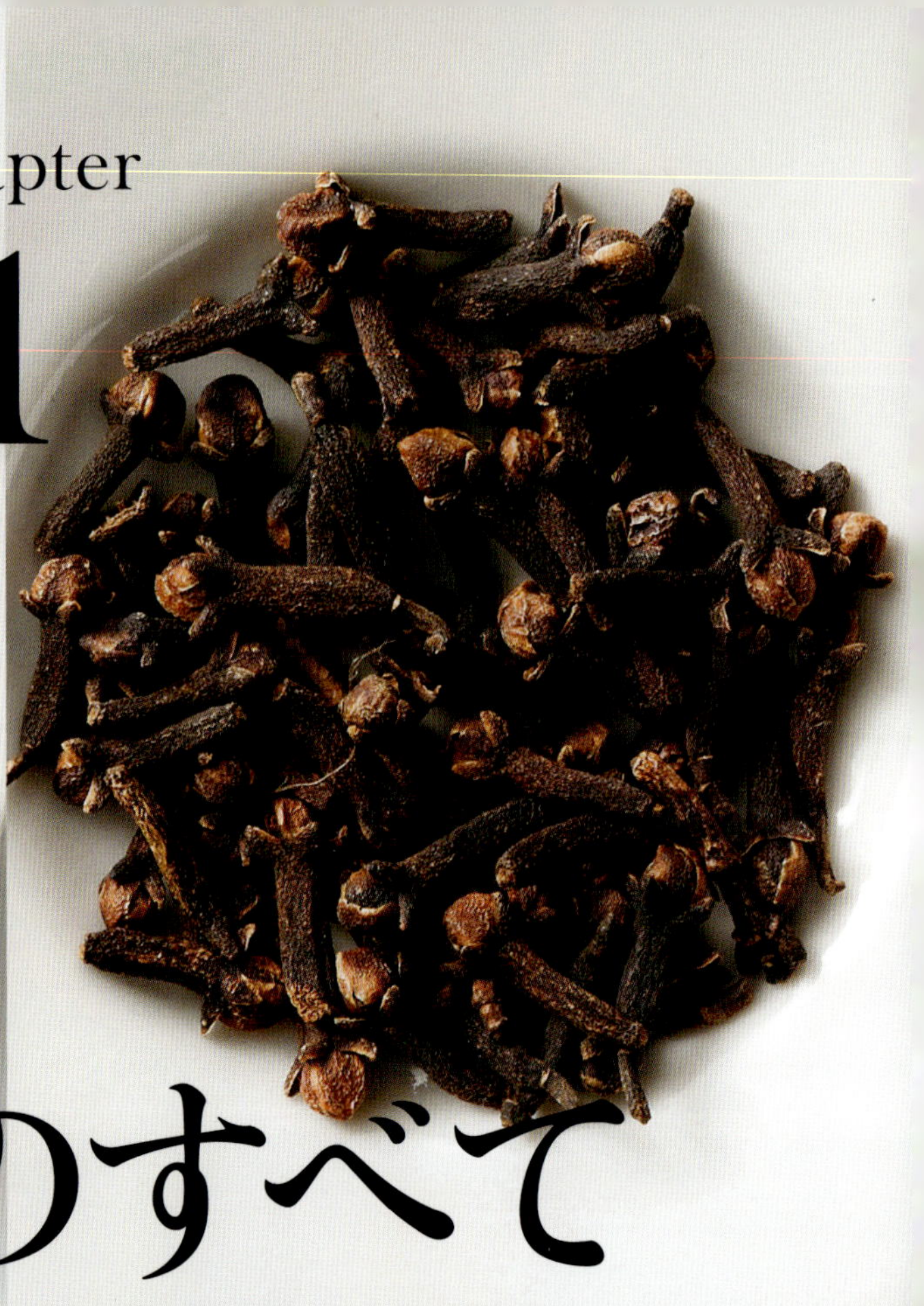

インド発祥のカレーが、かつての宗主国イギリスを通して日本に伝わった。
おかげでカレーは「文明人の食べもの」として世に広まった。
その感染力はすさまじく、食べもののことごとくをカレーに変じさせた。
日本の国民食といわれるゆえんである。

Chapter 1-1 カレーとは何か？

カレーというのは不思議な食べものである。インド起源の料理なのに、カレーライスはラーメンと並ぶ日本の国民食などと呼ばれている。こんな古典的な笑い話がある。インドで日本のカレーを作り現地の人に食べさせたところ、

「これはうまい。いったい何という料理なんだ？」

真顔で聞かれたという。

ほかにもある。フランスに、40年以上もミシュランの三つ星を守り続けている「トロワグロ」という名店がある。オーナーシェフのミシェル・トロワグロ氏は大の親日家で、あるとき、私の知人と会食した。知人が「日本料理で一番好きなのは何？」とズバリ聞いたら、トロワグロ氏はためらうことなく「カレーライス」と答えたという。

すしや天ぷらはもちろん好きだが、カレーライスが一番だという。喜ぶべきなのか悲しむべきなのか、ちょっぴり複雑な心持ちにさせられてしまうが、今や日本を代表する料理の一つに数えられていることは間違いないだろう。

さてこのカレーライス、日本に初めてお披露目されたのは今から１４０年くらい前のことだ。１８７２（明治５）年発行の『西洋料理指南』には鶏肉、エビ、タイ、ハマグリなどのほかに、珍しいカレーの具材としてニラや長ネギ、赤ガエルなどが挙げられている。すでに〝日本化〟の兆候が見え隠れしていなくもないが、玉ネギ・ニンジン・ジャガイモが〝三種の神器〟と呼ばれるようになるまでは、まだまだ幾多の曲折があった。

インド人には概ね受けのいい日本のカレーだが、これこそがカレーであると胸を張ったら、彼らはちょっと待ってくれと言うだろう。

「見た目はカレーのようだけど、なんだかベタベタしてるな」

バターで小麦粉を炒めたルゥを使っているのだから、ベタベタしているのは当然だ。

一方、本場インドのカレーはどうかというと、サラサラしているものが多い。タイやマレーシアなどのカレーも同じ「サラサラ派」だ。日本のカレーはなぜ「ベタベタ派」なのかというと、インドから直接伝わったのではなく、いったんイギリスというクッションを通して伝わったものだからだ。しかしそのことがかえって幸いする。

カレーは〝文明〟の味がした

かつてインドはイギリスの植民地だった（1858〜1945年）。そのインドから宗主国イギリスに伝わったのが、各種の香辛料だ。東インド会社のイギリス人たちが故郷へ帰り、かつて親しんだインドの味を偲《しの》んだのであろうか、いろいろなスパイスをミックスしてインド料理の再現を試みた。

なかでもとりわけ目端の利いていたのがエドモンド・クロスとトーマス・ブラックウェルという二人のイギリス人だった。彼らは使用頻度の高いスパイスをブレンドし、独自のカレー粉を開発した。そしてそれを国内外で流通させた。いわゆるクロス&ブラックウエル（C&B社）である。日本でも鹿鳴館時代に使われたのが、このC&B社のカレー粉だといわれている。

カレーのルーツはまぎれもなくインドだが、インドにはカレー粉というものがかつては存在しなかった。あるのはカレー粉の素となる各種の香辛料だけだ。香辛料というのは、たとえばターメリックや赤唐辛子、クミン、コリアンダーといった類で、インドの家庭ではそれらを独自に配合し、さまざまな料理に応用する。それがインド流の〝おふくろの味〟となっている。一方、イギリスにはシチューの文化がある。たとえば、昨日作ったビーフシチューがまだ食べ残っている。そのまま温めて食べるのでは芸がない。カレー粉をふりかけたらどんな味になるだろう――イギリス式のカレーの誕生である。

シチューのバリエーションの一つとして生まれたという事実は、日本人にとってはありがたいものだった。憧れの洋食メニューの一つとして、つまり「文明人の食べもの」として受け入れられたからだ。イギリスでは間に合わせの料理として、いくぶん貧寒なイメージをまとっていたものが、日本では逆に高級なイメージで迎えられた。その洋食が家庭でも食べられますよと謳《うた》って普及させたのだから、広まるのもまた早かった。

カレーの普及には軍隊もひと役買ったという説がある。地方から入隊してきた青年が、軍隊でカレーの味を覚え、除隊後にその味を農村に広めたというのだ。なんといっても、ご飯といっしょに食べられるというのが大きい。ひと皿におかずとご飯が同居し、栄養のバランスもいい。おまけに誰が作っても失敗がない。まさに軍隊にはもってこいの〝洋風めし〟であった。

さて、ビーフシチューにカレールゥをひとかけ入れたらビーフカレーになってしまうように、カレーはどんな料理とも融合してしまう。現に日本にはカレーうどんがあり、カレーハンバーグがあり、カレーパンがあり、カレー煎餅まである。どこまでがカレーなのか、という境界線ははっきりしないが、カレー粉さえ入っていればことごとくカレー風味に変身してしまう、という〝感染力〟の強さはほかに類を見ない。

だから、その気にさえなれば、「欧風ブラックビーフドライカツカレースパゲッティ」などという奇妙奇天烈《きてれつ》なメニューだってできてしまう。つまり欧風（国）×ブラック（色）×ビーフ（素材）×ドライ（形状）×カツカレー（トッピング）×スパゲッティ（ベース）という鵺《ぬえ》のようなカレーだ。

カレー粉は調味料ではなく調香料

よく「カレー味のする□△◎……」などという言い方をするが、それは正しい表現ではない。なぜならカレーは調味料ではなく〝調香料〟だからだ。そもそもカレー粉（スパイスの集合体）には3つの役割がある。

① 香りをつける（臭味を消す）
② 辛味をつける
③ 色をつける

つまり、カレー粉には味をつけるという作用は最初からないのだ。だから、どんな味のものにでものっけられるという効能がある。事実、カレーハンバーグ（見た目はハンバーグで、食べるとカレーの風味）やハンバーグカレー（ハンバーグを具にしたカレーライス）があるし、カレー味噌ラーメンやカレーしようゆラーメンだってである。スパイスは味のじゃまをしないから、どんな味の料理とも融合していけるのだ。

考えてみれば、これは恐ろしいことだ。それこそカレー粉が猛威をふるったら、世界中の料理がみんなカレー風味の別物になってしまう。それほどカレー粉の感染力は圧倒的なのである。

私はかつて「カレー粉のせいで日本にはスパイス文化が定着しないのだ」とか「カレールゥのせいで日本のカレー文化は育たないのだ」と、インド料理に憧れるあまり、日本独自のカレー文化に対していくぶん否定的なイメージをもっていた。だが、今はまったく違う。このとらえどころのない、恐ろしいほどの感染力をもったカレー粉やカレールゥがあったおかげで、世界に冠たる日本独自のカレー文化を築くことができた、と心底誇らしく思っている。

日本のカレーには王道も邪道もない。正解も不正解もない。不思議といえば、これほど不思議な世界もない。

カレーを性格づける要素

【国別】
欧風カレー
インドカレー
タイカレー
和風カレー

【色別】
ブラックカレー
ホワイトカレー
イエローカレー
レッドカレー
グリーンカレー

【素材別】
ビーフカレー
ポークカレー
チキンカレー
野菜カレー
シーフードカレー

【形状別】
ドライカレー
スープカレー

【トッピング別】
カツカレー
チーズカレー
から揚げカレー
納豆カレー

【ベース別】
カレーライス
カレーうどん
カレースパゲッティ
カレーパン

【調理法別】
煮込みカレー
炒めカレー
焼きカレー
蒸しカレー

【その他】
スパイスカレー
ルゥカレー
薬膳カレー

Chapter 1-2

カレーを作るには

今夜はカレーにしよう！

思い立ったが吉日だが、さてどんなカレーにしよう。選択肢はいくつもある。インド風のカレーにするのか、それともタイ風がいいのか、あるいは老若男女に受けのいい無難な欧風カレーにしておくべきなのか——いや待てよ、考えてみたら時間にそれほど余裕がない。できれば手っとり早くできるカレーのほうがいいかもしれない、などといきなり頭を悩まされる。

インドやタイのカレーを作るとなると、各種スパイスが必要だし、場合によってはココナッツミルクやカピ（小エビの発酵食品）、それに青唐辛子やコリアンダー（香菜）の葉、スウィートバジルなども用意しなくてはならなくなる。

また子どものころから食べていて、平均点の味ながら何度でも食べたくなる日本のルゥカレーはどうか。人気ナンバーワンの「バーモントカレー」があれば、高級志向の「ディナーカレー」やコクとうま味の「熟カレー」なんていうのもある。どのルゥにするべきか、それとも複数のルゥを自分なりにブレンドしてみるか——ここにも選択肢がいっぱいころがっている。

玉ネギをあめ色になるまで炒める？　あいにくそんな時間はない。横着かもしれないが、お湯で温めるだけのレトルトカレーで間に合わせるか。それとも、ちょっぴり通人好みのカレーペーストにするか——。

さすがに日本の国民食だ。ひと口にカレーといっても千差万別である。ＴＰＯや懐具合に応じて、どんなカレーも選りどり見どり。それにひきかえカレーのルーツ、インドにあるのはスパイスのみだ。カレーに多様な選択肢がある国など、世界広しといえども日本をおいてほかにはない。

スパイスの数が多いほど没個性的な味になる？

さて、その「贅沢な悩み」は大きく3つに分類することができる。「スパイス」と「カレー粉」と「カレールゥ」の3つだ。日本人が最初に口にしたのはカレー粉である。それもイギリス人が作ったC＆B社のカレー粉だったとはすでに述べた。このカレー粉、当初は完全なブラックボックスで、配合など何一つ明らかにされなかった。

進化するスパイスの形状

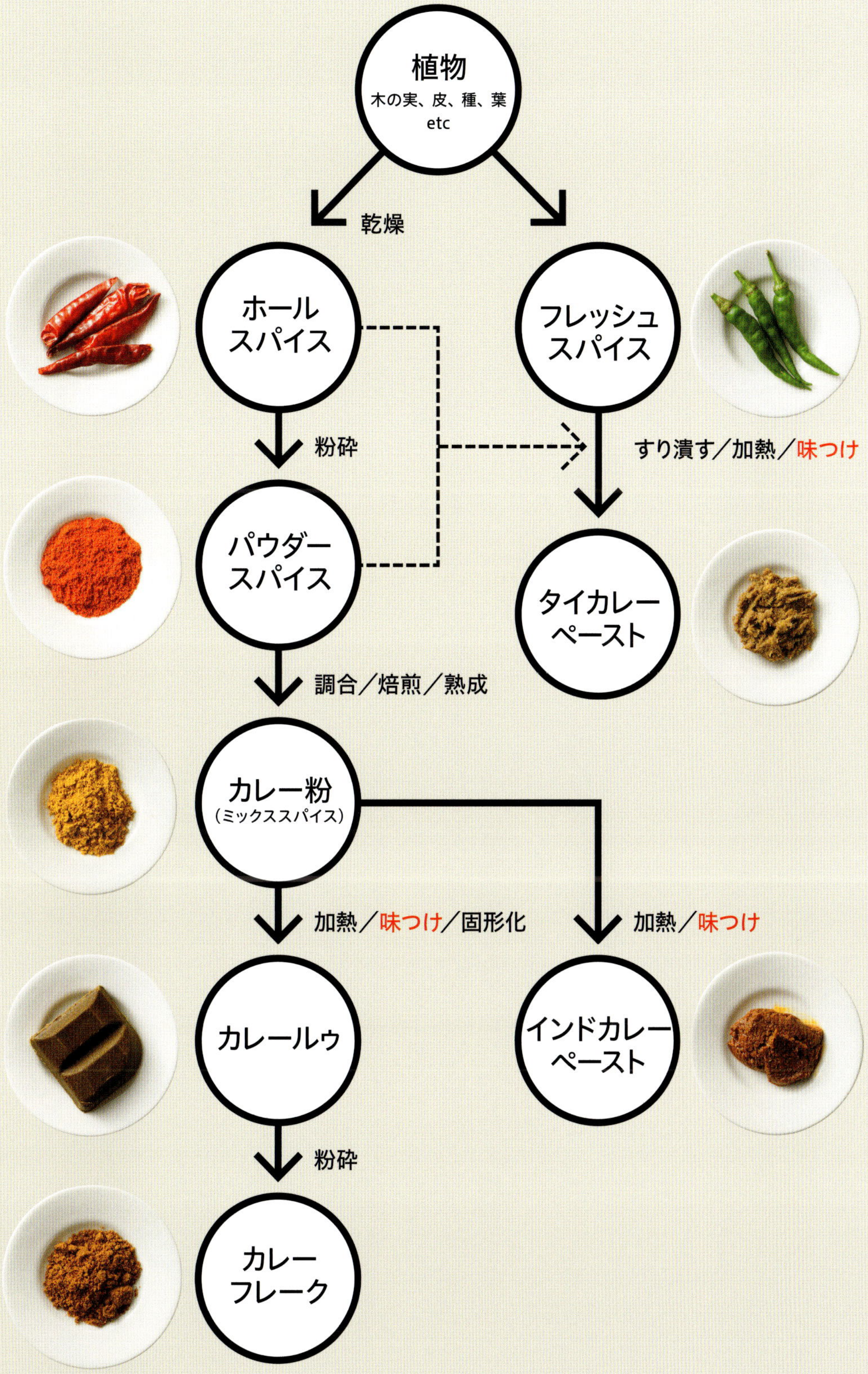

隠されればなおのこと知りたくなる。好奇心旺盛な日本人の探求心にたちまち火がついた。なにしろ、インドには「カレーの木」があると本気で信じられていたウブな時代である。スパイスのことなど誰も何も知らなかった。

カレー粉作りの挑戦は大阪からスタートした。大阪には道《どう》修《しゅう》町《まち》という、輸入漢方薬の流通を一手に引き受けていた薬業の中心地がある。薬種商たちは漢方の生薬だったウコン（ターメリック）を足がかりに試行錯誤を開始した。

カレー文化の黎明期にはさまざまなカレー粉が登場する。しかし決定版といえば１９５０年に発売されたエスビー食品の「赤缶」だろう。カレー粉というのはスパイスを焙煎してパウダーにし、それを20〜30種程度ブレンドし、一定期間熟成させたものだ。赤缶には35種ほどのスパイスがブレンドされている。もちろんその配合は、英国Ｃ＆Ｂ社がそうであったようにトップシークレットとされている。

よく「うちは30種類のスパイスをブレンドしています」などとスパイスの種類をウリにする店がある。が、だから個性的な味になったというのであれば、それは大いなる勘違いだ。

スパイスは数が多くなればなるほど風味が平均化され、万人向けになっていく。個性的ではなく没個性的になっていくのだ。その意味では、業務用市場で圧倒的なシェアを誇る超ロングセラー商品の赤缶は、クセのない万人向けのカレー粉を戦略的に作り出したという点で、実にあっぱれな商品というべきである。

そのカレー粉を構成しているものがスパイスで、簡単にいってしまうと植物の実や種を乾燥させたものだ。原形のものはホールスパイス、挽《ひ》いたものをパウダースパイスと呼び、それぞれが個性豊かな香りや色、辛味をもっている。インドではふつう、５〜７種類ほどのスパイスを使ってカレーを作る。

悲しいかな日本には真のスパイス文化が根づいていないため、いきなりインド風のカレーを作ろうと思っても、どこから手をつけていいのかわからない。実際、ルールがわかってしまえばスパイスカレーは意外と簡単なのだが、慣れないうちはどうしても上級編というイメージがつきまとってしまう。

もっとも、インド人のマネができないからカレー粉という簡便な商品が生まれたのであって、そのカレー粉さえも難物ととらえた多忙な現代人は、今度はカレールゥという簡単便利な製品を作り出してしまった。肉や野菜といっしょにルゥを鍋に放り込むだけで、立派なカレーができあがる。多忙で横着者の現代人にとっては、これほど歓迎すべき製品はない。

カレー粉と違うところは、とろみをつける小麦粉やうま味調味料が加えられていて、それを動物性の油脂で固めブロック状にしてあるところだ。

インドのカレーは、スパイスの香りで素材の味わいを引き出す点においては一日の長があるが、弱点があることも否めない。それはおそらく多くの日本人に共通する思いだろう。たしかにうまい。が、何か物足りない。それはいったい何？

答えは「うま味」である。ブイヨンなどに代表されるだしのうま味成分が、インドのカレーには足りないというか、あまり重視されていないのである。味といえるものは塩と肉や魚、野菜といった素材の味が主役。コクやうま味に欠けるのは如何ともしがたい。

ルゥによって日本人の〝カレー人生〟が始まる

私の母親世代は、カレー粉と小麦粉をバターで炒めてルゥを作っていた。しかし私は即席ルゥで〝カレー人生〟を歩み始めた世代で、カレーといえばルゥを指している。

カレー粉とカレールゥの決定的な違いは、その原材料に味のつくものが入っているかどうかである。万人向けに作られたカレー粉を原材料とするカレールゥは、当然、最大公約数的な味にならざるを得ない。多くの人にとってはそれなりにおいしいのだけれど、特定の誰かにとって抜群においしいものにはなり得ていない。

ルゥはルゥなのだが、最近人気なのが「カレーフレーク」というものだ。ブロック状に固めたルゥをフレーク状に砕いたもので、好きな分量だけ使えるというのがミソだ。原材料もルゥほど多くなく、必要最低限のおいしさがキープされている。ひと手間加えて他店との差別化を図りたい、とする業務筋で人気なのがわかる気がする。

また、玉ネギをあめ色になるまで炒めるという根気仕事の手抜きを許してくれる、「インドカレーペースト」という製品もある。あらかじめ炒めた玉ネギがほかの材料とともにペースト状になっているから、それこそ鍋に空け、水と主材料（肉や魚）を加えて煮込むだけでできあがる。「タイカレーペースト」というチョイスだってあるし、調理すら面倒だという人にはレトルトカレーという手もあるのだから、日本は世界一のカレー天国といっていいだろう。

カレー粉とカレールゥの原材料の比較

【カレー粉】

ターメリック
コリアンダー
クミン
フェヌグリーク
コショウ
赤唐辛子
チンピ
その他香辛料

↓

香辛料のみで、
味つけの役割を果たす材料は
一つも入っていない。

【カレールゥ】

食用油脂（牛脂、豚脂）
小麦粉
ソテードオニオン
カレー粉、食塩
でんぷん
砂糖
フォンドボーソース
バナナ、ソースパウダー
ミルクパウダー、デキストリン
バター加工品
香辛料
チキンブイヨン
カラメル色素
調味料（アミノ酸等）
香料
乳化剤
酸味料
（その他大豆、
リンゴ由来原材料を含む）

↓

カレー粉以外に
味つけの役割を果たす材料が
大量に入っている。

Chapter

1-2-A

スパイスについて

スパイスの作用には3つある。

①　香りづけ……主に香りをつけたり、肉や魚のくさみを消す
②　辛味づけ……主に辛味をつける
③　色味づけ……主に赤や黄色などの色をつける

つまり、スパイスは味ではなく主に香りをつけるために使う、と心得ておいてほしい。スパイスには揮発性の精油成分（エッセンシャルオイル）が含まれている。熱に反応するため、油で炒めたり湯で煮込んだりするとその威力を発揮する。

ハーブも玉ネギもみんなスパイス

一般的にカレー粉に使われるスパイスは30種類前後といわれている。カレーを作る際、インドではさだめし多くのスパイスが使われているに違いない、とつい私たちは想像をめぐらせてしまうが、なに、彼の地で一つのカレーに使われるスパイスは10種にも満たない。2〜3種類で立派にカレーとして成立するメニューもあるくらいだ。

スパイスはミックスする数を増やせば増やすほど尖った味が薄れ、凡庸な味になっていく。つまり足し算は平均化した味になり、引き算は逆にマニアックな味になりがちだ。スパイスを

役割別スパイス分類

基本作用	主なスパイス
香りづけ（脱臭）	カルダモン、クローブ、シナモン、ベイリーフ、クミン、コリアンダー、ガーリック、フェンネル、メース、ナツメグ、バジル、カレーリーフ、フェヌグリーク、ディル、チンピ、コブミカンの皮（葉）、香菜、レモングラス、カスリメティ
辛味づけ	赤唐辛子、ブラックペッパー、ホワイトペッパー、マスタード、ジンジャー
色味づけ	ターメリック、パプリカ、サフラン
とろみづけ	ポピーシード、コリアンダー
風味つけ	ヒング

植物区分別スパイス分類

植物区分	主なスパイス
種子	カルダモン、クミン、コリアンダー、フェンネル、マスタード、ポピーシード、フェヌグリーク、ディル
果実	ブラックペッパー、ホワイトペッパー、ナツメグ、メース、赤唐辛子、青唐辛子、コブミカンの皮、パプリカ、チンピ
花・つぼみ	クローブ、サフラン
根・茎	ジンジャー、ガーリック、ターメリック
樹皮・樹脂	シナモン、ヒング
葉	バジル、レモングラス、ベイリーフ、カスリメティ、香菜、コブミカンの葉、カレーリーフ

主なスパイス - 1：ホールスパイス

クミン

赤唐辛子（レッドチリ）

コリアンダー

クローブ

カルダモン

シナモン

フェヌグリーク

フェンネル

ポピーシード（けしの実）

ビックカルダモン

マスタード（茶）

ブラックペッパー（黒コショウ）

ベイリーフ

カスリメティ

カレーリーフ

マスタード（黄）

レモングラス

コブミカンの葉

キャラウェイ

パンチフォロン

ディル

メース

ローリエ

アジョワン

サフラン

ブーケガルニ

扱う上で忘れてはならない原則である。

私も数多くのスパイスを使いこなしてきたが、使う頻度からすると平均7種類くらいに落ち着くだろうか。それはたとえば、クミン、シナモン、カルダモン、クローブ、ターメリック、赤唐辛子、コリアンダーといったところだ。

「この7種類があれば、一生楽しい〝スパイス生活〟が送れます」

私はことあるごとにこう言って〝少数精鋭〟を奨めている。

さらに絞り込むなら3種類だけでいい。ターメリックと赤唐辛子とクミン（もしくはコリアンダー）だ。使用頻度が圧倒的に高いこれらのスパイスがあれば、ほぼ無数のカレーが作れるといっても過言ではない。

スパイスには、加える順序がある。《大きいもの→小さいもの》《堅いもの→柔らかいもの》というのが鉄則。火の通りにくいものから、火の通りやすいものの順に加えるのだ。

スパイスを加えるタイミングは、大きく4つに分類できる。①下ごしらえ（マリネなど）　②スターター　③調理中　④仕上げの4つである。スターターというのは調理の最初に使うスパイスのこと。主にホールスパイスを使う。

パウダースパイスは焦げやすいのでマリネや調理中、もしくは仕上げで加えることもある。また仕上げには香菜やレモングラス、スウィートバジルなど生のハーブを加えることもある。ハーブとスパイスは別物のように思われているが、みな同じスパイスの仲間だ。見方によれば、玉ネギやショウガ、ピーマンなどもスパイスの一種ということになる。

スパイスの数と個性の強さ

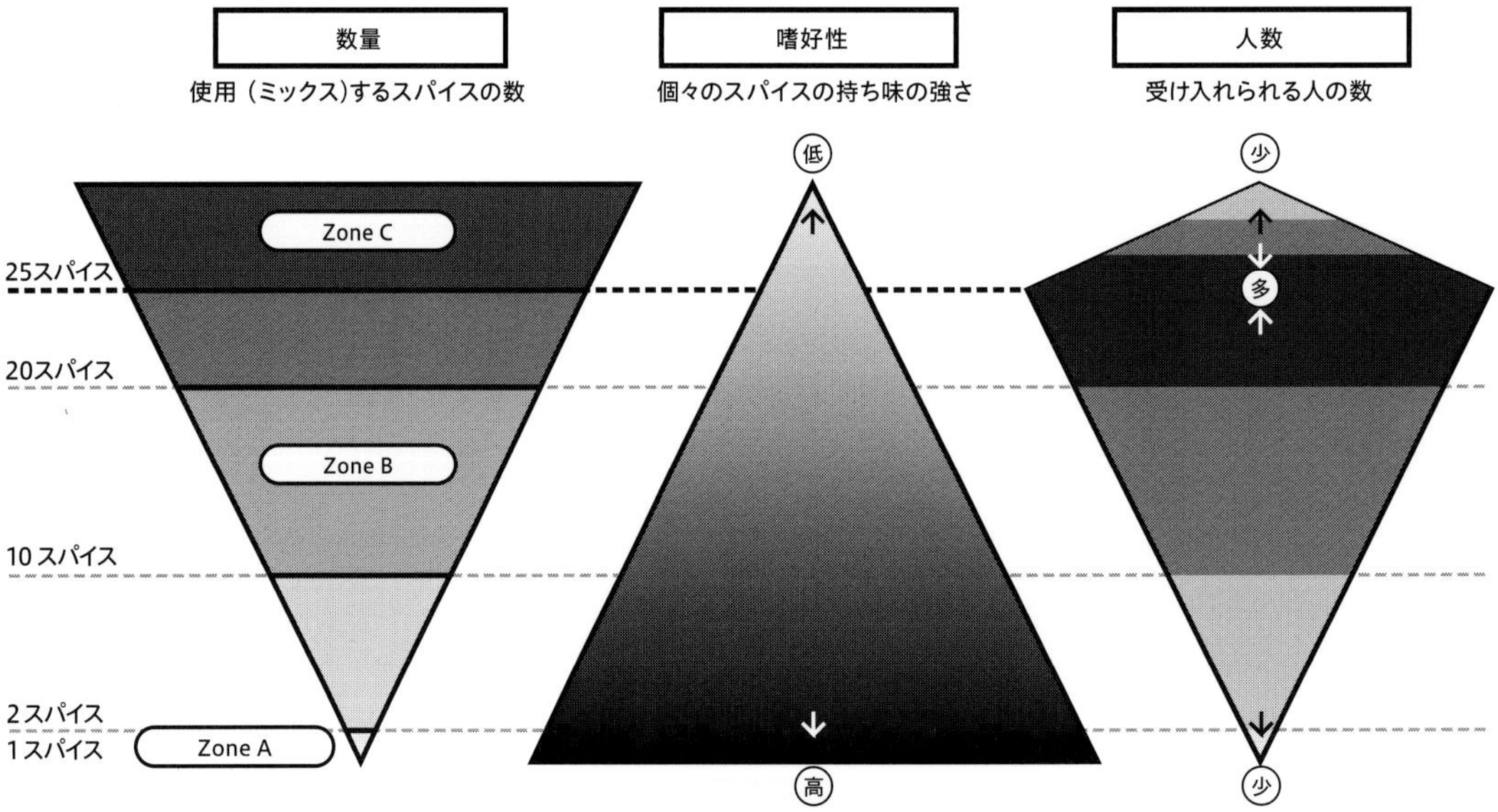

Zone A：たいていのスパイスは複数使うことで相乗効果を発揮する。単体ではクセが際立つ
Zone B：通常のカレー粉に使われるスパイスの種類。“My Best Spice Mix” を発見できる可能性が高い
Zone C：25種類以上のスパイスを使うのは、余計な雑味が出やすくなり、あまり効果的ではない

主なスパイス - 2：パウダースパイス&フレッシュスパイス

ジンジャー

クミン

ターメリック

レッドチリ

コリアンダー

クローブ

カルダモン

フェヌグリーク

パプリカ

ナツメグ

ホワイトペッパー（白コショウ）

チンピ

ブラックペッパー（黒コショウ）

ガラムマサラ

カスリメティ

ヒング

グリーンコリアンダー

チャットマサラ

サンバルマサラ

赤唐辛子（レッドチリ）

青唐辛子（グリーンチリ）

コブミカンの葉

バジル

香菜

カレーリーフ

レモングラス

Chapter

1-2-B

カレー粉について

カレー粉とはさまざまな種類のスパイスを粉状にして混ぜ合わせたものだ。基本的に原材料はスパイスのみで、通常20〜30種ほどが使われている。

インドでは10種に満たぬスパイスを組み合わせて、カレーを作る。またブレンドするスパイスの数が増えるほど個々のスパイスの特徴が薄れ、凡庸な風味になる。逆にいえば、スパイスの数の多い日本のカレー粉は〝凡庸な風味の芸術品〟ということもできる。

日本人はスパイスではなくカレー粉の香りが好き

私はつくづく思う。「日本人はスパイスが好きなのではない、カレー粉の香りが好きなのだ」と。今までの経験からいうと、日本人はスパイス単体の香りが立つと、途端に苦手意識が頭をもたげてくる。茶道と並ぶ香道を育てた国である。かそけき香りを愛してきた国民ゆえなのか、刺激性の強い香りというものにまだまだ慣れ親んでいない。

たとえば、そば屋さんで食べるカレー南蛮やカレーうどん。格式の高いそば屋さんはカレーのにおいが充満するのをいやがって、あえて品書きから外すと聞いている。また、「だし」と「かえし」と「カレー粉」をあらかじめ混ぜておく店も多い。手間がかからず、素早く調理ができるからだろう。が、カレー粉の使い方のルールからすれば、正しいとはいえない。

カレー粉を構成するスパイスは、水や湯よりも油になじむという性格をもっている。熱した油で炒めることによって、スパイスの香り成分が最大限引き出されるのである。だから、ほんとうにおいしいカレー南蛮を作ろうと思ったら、鶏肉と玉ネギを炒める際にカレー粉を振り入れるほうが断然いい。そばつゆに溶かし込んだカレー粉を使うより、はるかに香りが立つからだ。

もっとも、日本のそば屋さんはその強烈な香りが立つのをきらって、あえて油となじませないのかもしれない。そばは香りを楽しむ食べもの。そのゆかしい香りがカレー粉の香りでマスキングされたらたまらない。ひょっとするとカレー南蛮は深謀遠慮のかたまりなのかもしれない。

ここでいったんまとめてみる。スパイスないしカレー粉は油と融合させながら肉や野菜などの具とからめていく。これは油にスパイスの香りを移していく工程だ。そして水を加えて煮込む。これは水分と油を乳化させていく工程と理解してほしい。

カレーはほとんど例外なくこの工程順に作られていく。順序さえ覚えていれば、スパイスやカレー粉のもつ力を十分に発揮させることができるだろう。実はこの基本ルール、意外やプロの料理人にもあまり知られていないのである。

市販のカレー粉では物足りない、自分だけのオリジナルのカレー粉を作りたいというのであれば、まずはカレー粉にクミンシードやコリアンダー、あるいはカルダモンといったスパイスを一つ二つ加え、好みの味を探すことから始めたらいい。そして慣れてきたら、世界に一つしかない「マイカレー粉」にチャレンジするのだ。

ただしここにもルールがある。丸のままのホールスパイスはフライパンで乾煎《からい》りし、パウダースパイスは熱が残ったフライパンに加えて混ぜる。混ぜ合わせたカレー粉は密閉容器に入れ熟成させる。なかには3年熟成すべしというものもあるが、私は1週間ほどで十分だと思っている。1か月も熟成させればかなり深みのある香りが出てくる。カレー粉作りの要諦は、香りを極立たせる「焙煎」と、香りを落ち着かせる「熟成」とのバランスにある。

カレー粉の製造工程

各種香辛料
↓
選別
↓
粉砕
↓
篩別《しべつ》
↓
計量混合
↓
加熱焙煎
↓
貯蔵熟成
↓
艶出・整粒
↓
仕上篩別
↓
カレー粉
↓
計量充填
↓
包装
↓
製品

自家製カレー粉を作る

市販のカレールゥや
カレー粉ではどうも物足りない。
そう思ったら自家製の
カレー粉を作ってみよう。
水野式はあくまで参考例。
ブレンドのポイントは
「焙煎」と「熟成」だ。

1

ソテーパンでホールスパイスを乾煎りする。AからCの順に加え、その都度香りが立つまで煎り、火を止める。

2

粗熱を取ってミルミキサーで挽き、ソテーパンや耐熱容器に戻す。

3

パウダースパイスを加えて混ぜ合わせ、150℃に熱したオーブンで蓋をしないで10分焼き、中身を混ぜ合わせてさらに10分焼く。

4

粗熱が取れたら、密閉容器に入れて1週間ほど熟成させる。

材料

ホールスパイスA
- クローブ……3g
- シナモンスティック……2g

ホールスパイスB
- コリアンダーシード……18g
- クミンシード……16g
- フェンネルシード……3g
- ディルシード……1g

ホールスパイスC
- ポピーシード……2g
- チンピ……1g

パウダースパイス
- ターメリック……15g
- カルダモン……8g
- フェヌグリーク……8g
- ジンジャー……5g
- レッドチリ……5g
- パプリカ……3g
- ホワイトペッパー……2g
- ナツメグ……1g

カレー粉配合例

		マスコットホームメイドカレー	ラセラヌーカレーパウダー	GABAN手作りのカレー粉セット	スピンフーズ	朝岡スパイス	水野仁輔オリジナルカレー粉	インデラカレー	インディアンカレーパウダー	アナンカレーパウダー	ナトラジュカレー粉	登場頻度
1	ターメリック	●	●	●	●	●	●	●	●	●	●	10回
2	レッドチリ	●	●	●	●	●	●	●	●	●	●	10回
3	クミン	●	●	●	●	●	●	●	●	●	●	10回
4	コリアンダー	●	●	●	●	●	●	●	●	●	●	10回
5	シナモン	●	●	●	●	●	●	●	●	●	●	10回
6	フェンネル	●	●	●	●	●	●	●	●	●	●	10回
7	クローブ	●	●	●	●		●	●	●	●	●	9回
8	ジンジャー	●	●	●	●	●	●	●	●	●		9回
9	ナツメグ	●	●	●		●	●	●	●	●	●	9回
10	ブラックペッパー	●	●	●	●			●	●	●	●	8回
11	フェヌグリーク	●	●	●	●	●	●	●	●			8回
12	カルダモン	●	●	●	●		●	●		●	●	8回
13	チンピ		●	●		●	●	●	●	●	●	8回
14	オールスパイス	●	●	●		●			●			5回
15	ローレル	●	●			●			●			4回
16	ガーリック		●	●		●			●			4回
17	ディル	●	●	●			●					4回
18	スターアニス	●		●		●		●				4回
19	キャラウェイ	●			●	●						3回
20	パプリカ						●			●	●	3回
21	オニオン		●		●							2回
22	セージ	●		●								2回
23	ポピーシード				●		●					2回
24	ホワイトペッパー				●		●					2回
25	セロリ	●	●									2回
26	カブリチャナ				●							1回
27	甘草							●				1回
28	サボリ					●						1回
29	タイム			●								1回
30	メース	●										1回
31	アニス	●										1回
32	ニクズク				●							1回
33	ベイリーフ			●								1回
34	アジョワン				●							1回
35	マスタード		●									1回
36	ガラムマサラ		●									1回
	使用種類	21種	21種	20種	18種	16種	16種	15種	15種	13種	12種	

Chapter 1-2-C

カレールゥについて

日本人の発明品であるカレールゥ。ルゥ（roux）とはフランス語で小麦粉をバターで炒めたものの意。主にソースにとろみ（粘度）をつけるために用いられる。カレー粉全盛の時代には、まずルゥを作るところから始めたものだが、今やその過程が端折られ、煮込んだ肉や野菜にカレールゥを放り込むだけでオーケー、という簡単便利なものになった。

茶色いルゥのかけらには、スパイスだけでなく〝おいしさ〟の素となる材料が30品目ほど含まれている。うま味成分あり、香り成分あり、かくし味の成分まで入っている。この一片の中に、日本人がおいしいと感じるものが丸ごと閉じ込められているのである。

そして、それら原材料を分析したら以下の14種類に分解できることがわかった。①油　②とろみ　③塩味　④甘味　⑤香り・風味・辛味　⑥色味　⑦うま味　⑧ブイヨン　⑨酸味　⑩乳化剤　⑪乳成分　⑫野菜　⑬フルーツ　⑭その他

カレールゥは最大公約数の味をめざした

個々にその役割を見ていくと、

① 油……動物系なら牛脂豚脂混合油やラード、植物系はパーム油（アブラヤシの油）やなたね油など。霜降り牛肉やマグロのトロが珍重されるのは、油脂がたっぷり含まれているから。強烈なおいしさを感じさせるのに油パワーは欠かせない。

② とろみ……基本は小麦粉を使う。ほかにはでんぷんやクリーミングパウダー、コーンスターチなどがある。日本のカレーには粘り気のあるとろみが必要不可欠。

③ 塩味……料理の完成度を左右する重要なファクター。

④ 甘味……砂糖やハチミツ、チャツネ、たまにグリセリンが使われることも。甘味はおいしさのスイッチを入れてくれるアイテムで、昔は「うまい」と「あまい」はほぼ同義だった。

⑤ 香り・風味・辛味……この要素の決め手はずばりスパイスだ。原材料表記にはカレーパウダー、香辛料、香辛料抽出物などとある。

⑥ 色味……カレーの色はカラメルやパプリカ色素など着色料によっている。これは卵の黄身の色を調節するのと同じで、黄身もカレーも赤味を強めたければパプリカを多めに入れればいい。また深みのある濃い茶褐色にしたければカラメルを強めればいい。かつてカレーといえば黄色が一般的だったが、あの黄色の正体はターメリックである。

⑦ うま味……インドにはそもそも〝うま味〟という概念が薄い。逆にカレールゥには日本人が好むコクやうま味がこれでもかというくらい含まれている。代表的なのはアミノ酸などのうま味調味料や酵母エキスで、ほかにチキンブイヨンやしょうゆ加工品などがある。カレーのおいしさに最も大きな影響を与え

ている中核的要素である。

⑧ ブイヨン……前記のチキンブイヨンやポークブイヨン、野菜ブイヨンなどがある。

⑨ 酸味……インド料理でも酸味は重要な要素で、ヨーグルトやトマト、レモン、タマリンドなどさまざまな食材が使われる。カレーにはよくトマトが使われるが、トマトは酸味だけでなく甘味やうま味も加えてくれる。製品によってはバルサミコソースやワインビネガー、赤ワインを使っているところも。

⑩ 乳化剤……水と油を均一に混ぜてくれる。主にレシチンとかサポニンといった天然の乳化剤が使われる。スパイスは熱した油によって香り成分が引き出されるので、油と水はどうしても融合させなくてはならない。乳化剤がその「水と油の仲」をとりもってくれる。

⑪ 乳成分……全粉乳とか乳糖と呼ばれているもの。チーズ加

カレールゥの製造工程

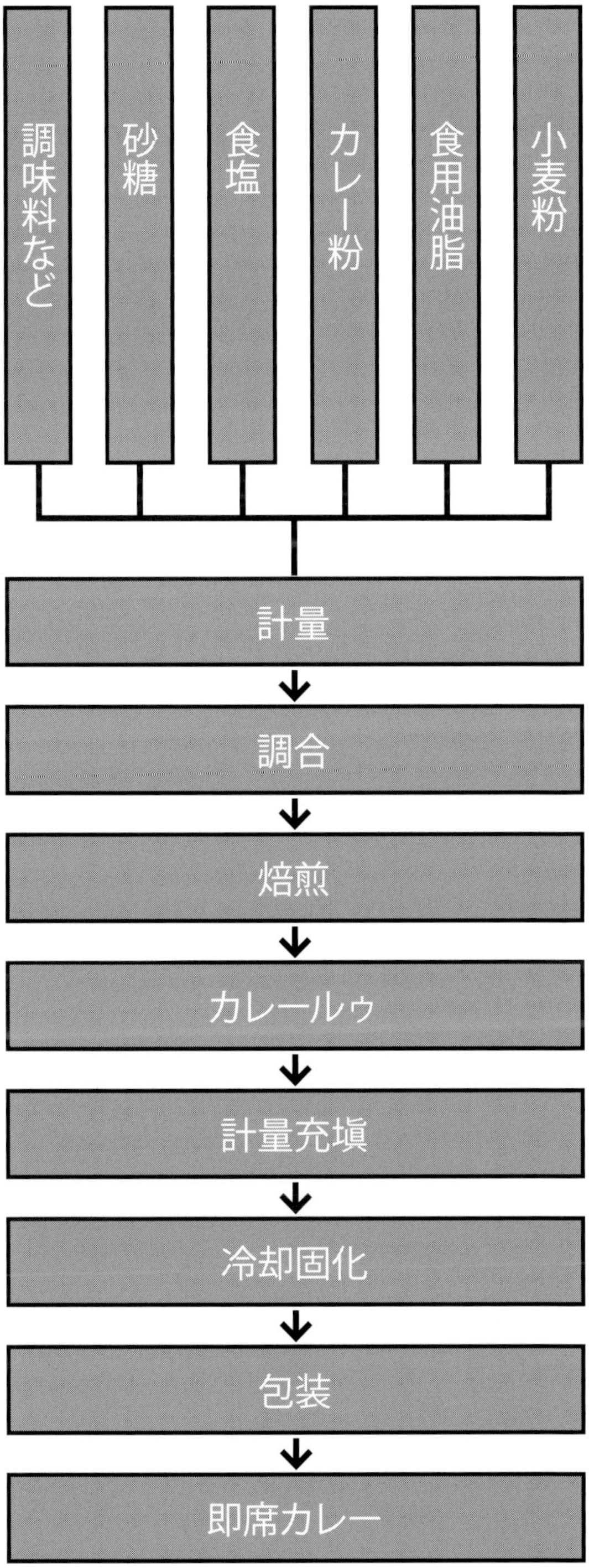

工品、バターミルクパウダーなどが使われるケースもある。おいしさが凝縮されたもので、口当たりのまろやかさも与えてくれる。

⑫⑬　野菜・フルーツ……玉ネギエキス、バナナペースト、リンゴペースト、ガーリックパウダー、トマトパウダーなど。

⑭　その他……いわゆる〝かくし味〟といったものか。ココアやごまペースト、ピーナッツバター、脱脂大豆といったもので、カレーの味をより複雑重層的なものにしてくれる。

時系列的な進化をたどると、

1　スパイシーなカレー
2　甘いカレー
3　コクとうま味のカレー
4　高級なカレー

という流れだろうか。今はルゥの市場が少しばかり頭打ちで、新しい味覚の切り口が見つからない状態が久しく続いている。

カレールゥは最大公約数的な味をめざしたもので、誰が食べても「けっこういける」と思わせてくれるが、完成度からすれば70%なわけで、残り30%に〝自由裁量権〟が残されている。ただ「マイ・オンリー・カレー」をめざすあまり、むやみに複数のカレールゥをブレンドしたり、奇妙奇天烈なかくし味を加えるというのは賛成しかねる。カレールゥはどの製品も緻密に計算され尽くしている。カレールゥを使う場合のアレンジには、それなりの知識と技術が必要となる。カレールゥ畏るべし、だ。

市販のカレールゥの特徴
高級感
家庭的
コク
スパイシー
高級感のあるルゥ……ホテルのレストランでソースポットに入って出てくるようなカレーをイメージしたルゥ。価格は高いが原材料が贅沢なため、味のレベルは高い。
ディナーカレー
ザ・カリー
ZEPPIN
スパイシーなルゥ……スパイスが刺激的で香味野菜が爽やかに香る辛口タイプのルゥ。エキゾチックな味わいに特徴があるため、インド料理やタイ料理が好きな人にオススメ。
ジャワカレー
ゴールデンカレー
熟カレー
とろけるカレー
こくまろカレー
コクを重視したルゥ……「ひと晩寝かせたあのうまさ」というキャッチフレーズで人気となった熟カレーが、カレーのコクという視点に着目して新たに切り開いたジャンル。
ハピファミ
バーモントカレー
カレーの王子さま
家庭的なルゥ……子どもや女性向けの甘口なカレールゥ。「リンゴとハチミツ」でおなじみのバーモントカレーの存在感があまりにも強烈で、最もよく売れているカレールゥ。

カレールゥの成分表

	原材料	バーモント	ハピファミ	ゴールデン	ジャワ	ザ・カリー	ディナー	ZEPPIN	2段熟	こくまろ	とろける
油	牛脂豚脂混合油またはラード	●	●			●	●	●	●	●	
	食用油脂（パーム油、なたね油、大豆油）	●	●	●	●					●	●
	調味油					●					
とろみ	小麦粉	●	●	●	●	●	●	●	●	●	●
	でんぷん	●	●		●	●	●			●	●
	デキストリン				●	●	●		●	●	
	コーンスターチ							●	●		
塩味	食塩	●	●	●	●	●	●	●	●	●	●
甘味	砂糖	●	●	●	●	●	●	●	●	●	●
	ハチミツ（パウダー）	●	●			●					
	チャツネ	●				●					
	グリセリン							●			
	還元水あめ							●			
香り・風味・辛味	カレーパウダー（粉）	●	●	●	●	●	●	●	●	●	●
	香辛料	●	●	●	●	●	●			●	●
	香料	●	●		●	●	●	●	●	●	
	香辛料抽出物	●			●	●		●		●	
	（ソテー）カレーペースト				●					●	
色味	着色料（カラメル、パプリカ色素）	●	●	●	●	●	●	●	●	●	●
うま味	調味料（アミノ酸等）	●	●	●	●	●	●	●	●	●	●
	酵母エキス		●	●	●	●		●	●	●	
	たんぱく加水分解物（ポーク、大豆、カツオ、イワシ）			●				●	●		●
	しょうゆ（しょうゆ加工品・粉末）	●				●			●	●	
	ぶどう糖	●			●				●	●	
	粉末ソース（ソースパウダー）			●		●	●	●			
	醸造調味料					●					
	発酵調味料（小麦発酵調味料）				●				●		
	デミグラスソース					●		●			
	フォンドボーソース						●				
ブイヨン	ポークブイヨン（エキス・パウダー）	●			●	●			●		●
	チキンブイヨン（エキス）		●		●	●	●	●	●		●
酸味	酸味料	●	●	●	●	●	●	●	●	●	●
	バルサミコソース					●					
	ワインビネガー					●					
	赤ワイン					●					
乳化剤	乳化剤	●	●		●	●	●	●	●	●	●
乳成分	チーズ（加工品）	●			●	●		●		●	
	バター（バターオイル・加工品）					●	●		●		
	粉乳（脱脂粉乳・粉乳小麦粉ルゥ）	●				●					
	乳糖							●	●		
	ミルクパウダー		●				●				
	バターミルクパウダー					●					
	クリーム		●								
	ホエイパウダー								●		
野菜	玉ネギ　＊1	●			●	●	●	●	●	●	
	ニンニク　＊2	●			●	●		●	●	●	
	ショウガ（ペースト・パウダー）							●	●		
	マッシュルーム（加工品・ペースト）					●		●			
	野菜パウダー（ペースト・エキス）								●	●	●
	フライドエシャロット					●					
フルーツ	バナナ（ペースト）	●	●				●	●			
	リンゴ（ペースト・ソース）	●	●			●					
	トマトパウダー	●									
その他	ココア	●									
	ごまペースト	●									
	ピーナッツバター				●					●	
	脱脂大豆	●			●					●	
	麦芽糖				●						
	ブラックモルトパウダー							●			
	ココナッツ（ミルクパウダー）				●						
	貝カルシウム		●								

＊1（加工品・ペースト・エキス・ソテードオニオン・オニオンパウダー・ローストオニオンパウダー）
＊2（ローストパウダー・パウダー・加工品・エキス・ペースト）

Chapter

1-2-D

カレーペーストについて

ルゥで作ったカレーに物足りなさを感じているのだが、いきなりスパイスカレーに挑戦するのはためらわれる――こんな人たちにぴったりなのが「インドカレーペースト」だ。カレールゥとの端的な違いは小麦粉が入っておらず、さらに、あの面倒な玉ネギを炒める作業が必要ないこと。あめ色にソテーされた玉ネギが、あらかじめペースト状にされているからだ。

だから調理は実に簡単。鍋にカレーペーストを入れ、分量の水と肉などの具材を加えて煮込むだけでいい。簡単だが、味はインドのスパイスカレーをさらにおいしくした感じだ。日本人の舌に合うようにうま味成分が加えられている。純粋なスパイスカレーとの違いはそこで、つまりカレーペーストはルゥカレーとスパイスカレーを足して2で割ったものといえようか。

玉ネギ炒めを代行する

そこで、開発秘話などを聞くべく東京都品川区のマスコットフーズ株式会社を訪ねてみた。スパイス専門メーカーとして知られる同社には「印度の味」というカレーペーストの人気ラインナップがある。私もひいきの味で、カレー党にとっては中上級編といったところ。

瓶詰めにされた「印度の味」は現在「辛口」「中辛」「バターチキン」「ポークビンダル」の4種があり、ひと瓶の容量は180グラム。これを鍋に空け、空いた瓶2杯分の水ないしブイヨンを加え、さらに肉を加えて煮込むこと約15分。ちょうど3人分のスパイスカレーができあがる。スパイスは十数種ブレンドされていて、化学調味料はいっさい使われていない。また小麦粉もラードもなし。動物性原料を排した健康志向のカレーなのである。

開発の動機になったのは、ズバリあの玉ネギ炒めだ。

「もともとスパイスを扱っている会社なので、インド料理にも精通していなければいけない。というわけで、母でもある現会長（安間百合子氏）が自らアロラさんの料理教室に通い始めたんです。そこで目にしたのが、あのあめ色に炒めた玉ネギでした。とにかく、やたらと時間がかかる。そこで母は考えました。この炒め玉ネギをあらかじめ作っておけば主婦は大助かりではないか、と……」

そう語るのは、取材を受けてくれた有村香和里さんだ。アロラさんというのは、ムンバイ出身の料理研究家レヌ・アロラさんのこと。品川に「アロラインド料理学院」を開設していて、いわゆる「玉ネギはあめ色になるまで炒める」という手法を、日本で初めて提唱し広めた人といわれている。

骨の髄まで染み込んだルゥカレー

このペースト、ひと瓶（3人分）の中に玉ネギ（中）が丸々2個分入っている。インドでは通常、4人分で玉ネギ1個分を使うから、約3倍弱の玉ネギを使っている計算になる。

ちなみに原材料名をすべて挙げると、オニオンソテー、トマトペースト、カレーパウダー、食塩、植物油脂（大豆油、なたね油）、香辛料、酵母エキス、小麦発酵調味料、昆布エキス、椎茸エキス——となる。

発売したのは１９８７年。「ザ・マドラス」という商品名で、翌年に「印度の味」に改称する。ただし冷蔵のチルド製品だったため、流通にやや難があった。常温流通の「印度の味」が誕生するのは、それから2年後の１９９０年だ。でも、予想以上に苦戦した。

「今でもあまり変わりませんが、日本でカレーというとルゥカレーのことなんです。ところが『印度の味』は小麦粉の入っていない、とろみのないスパイスカレー。食べ慣れない人たちは『何だこのカレーは?』となるわけです。案の定、反応は今一つでした」

有村さんもつい苦笑いだ。骨の髄までルゥカレーに冒されてしまっている日本人の舌を、どうやって変えていけばいいのか。

実は同社は40年も前から家庭向けに「ホームメイドカレー」という商品を販売している。21種類のスパイスをそれぞれ小袋に入れたもので、好みのスパイスをブレンドして世界に2つとないオンリーワンのカレーを作ろう、というのがウリである。この商品は当たった。だから、

「スパイスカレーの認知度は少しずつ深まっているはず、と踏んだのですが……」

と有村さん。正直な話、ルゥカレーの壁をぶち破るのは容易なことではない。で、始めたのが地道な啓蒙活動だ。デパートの実演販売に始まって、各国物産フェアなどには積極的に出展した。おかげでジワジワと評判が広がり、今では同社の人気商品になった。

一方、タイカレーの世界には、はるか昔から「タイカレーペースト」と呼ばれる商品が存在する。ただ、タイから輸入されているものは、日本人には辛すぎる。人気があるのはアライドコーポレーションが手がける「タイの台所」シリーズだ。こちらも調理の簡便化をめざして開発されたヒット作。タイの工場で日本人向けにアレンジし、オリジナルの味で作られているので食べやすい。ナムプラーが多めに同梱されているタイカレーキットも販売されていて、タイカレーの普及にひと役買っている。

カレーペーストは、簡便でありながら味に妥協をしたくないカレーファンに支持されている商品だ。既製品とはいえ、原材料を見れば化学調味料の類には頼らず誰もが満足できる味を実現していることがわかる。インドカレーペースト、欧風カレーペースト、タイカレーペーストが市場に存在するわけだから、いつか固形の即席ルゥが廃れ行く日がやってくるのかもしれない。

Chapter

1-3

調味料について

Chapter

1-3-A

油の役割

こんな話を聞いたことがある。インド料理では油で揚げた料理が神様に一番近い料理で、次が油で炒めた料理、一番神様から遠いのが生食だ、という話である。真偽のほどはわからない。が、きびしいインドの気候や衛生環境を鑑みれば、少なくとも生きのびるための「生活の知恵」なのだろう、ということは容易に想像できる。

油は味と香りをつなげる触媒

さて、カレーにおける油の役割だが、これはもう八面六臂《はちめんろっぴ》の活躍といっていいだろう。油は調理の最初から最後まで欠かせぬもので、一番気になる存在でもある。カレーはまず油にスパイス等の香りを移し、そこに具を加えて炒め、さらに水分を加えて煮込み、水と油を乳化（融合）させればできあがる——どんなカレーも基本的にはこれと同じパターンなので、乳化剤を使わないスパイスカレーは油がないと始まらない。

スパイスの香りは熱した油で抽出される。その香りを移すものは主にホールスパイスと呼ばれる丸のままのスパイスで、クミンシードにカルダモン、シナモン、クローブ、マスタードシードなどが代表的なものだ。

これらスタータースパイスを弱火の油で熱し、さらに玉ネギやニンニク、ショウガを加えて炒め、次いでパウダースパイスを入れ、トマトを入れる——これで一番ベーシックな「カレーの素」ができあがり、あとは具材によって千変万化のカレーができる。香りと味の出そうなものを順番どおり油で炒めていく。カレー作りの最大のポイントがそれで、油は〝味と香りの集合体〟を作り上げるための触媒的な役割を担っている。

その油だが、種類はそれこそいっぱいある。一般的なのはサラダ油だろう。クセもなく使いやすいから、日本ではこれが一番のメジャーとされている。原材料は菜種、綿実、ごま、ひまわり、トウモロコシ、紅花（サフラワー）などが使われる。

またインドではギーもよく使われる。ギーはインドやアフガニスタンで古くから使われている澄ましバターの一種で、牛や水牛、ヤギなどの乳から作ったバターを加熱して濾過《ろか》し、その過程で水分や糖分、たんぱく質を除いたものだ。腐りにくいため気温の高い地域でも常温で保存することができる。

ギーの利点はほかにもある。スモークポイント（発煙点）が252℃と高いため、スターターに使えることだ。ふつうのバターはそれより100℃以上も低いため、スパイスの香りを移す前に焦げてしまう。だから、スモークポイントの高い油（紅花油、マスタード油、ギーなど）をスターターにし、低い油（バターなど）を仕上げに使う、というのが理想だろう。

スモークポイントは、スタータースパイスに使うものと密接に関係してくる。強い火で長めに加熱しても大丈夫なマスタードシードや赤唐辛子、強火でも短時間で切り上げたいクミンやフェンネル、あまり強火で加熱したくないカルダモンなどを同時に使う場合などにスモークポイントの低い油を使うと、先に油のほうが焦げてしまう。

あるいは精製油でスタートし、非精製油で仕上げる、という言い方もできるかもしれない。フランス料理には「バターでモンテする」という手法がある。ソースなどの仕上げにバターを少しずつ加え、バターのもつうま味や風味、なめらかさを加えるやり方だが、インドの宮廷料理などにも、最後にバターやギーを加えリッチな味にするという技法がある。「かくし味」の項でも少しふれるが、バターはそこそこの味をリッチな味に変えてしまう魔法の杖なのだ。

どんな香りをつけたいか

さて、インドには〝ご当地油〟というのがある。メジャーな油ではなく、どちらかというと限られた地域で使われている地域密着型のマイナーな油だ。たとえばココナッツ油。ココヤシの種子から採った油で、南インドのケララ州に行くとかなりの割合でこの油が使われる。

同じ南インドでもタミルナードゥ地方ではごま油を使い、東インドのベンガル地方に行くとマスタード油が多くなってくる。ベンガル料理ではかなりの頻度でこの油が使われる。おそらく

油ごとの発煙点の違い

油の種類	品質	発煙点
バター	―	121–149℃
ラード	―	188℃
オリーブ油	エクストラ	191℃
オリーブ油	バージン	199℃
キャノーラ油	精製	204℃
綿実油	―	216℃
ひまわり油	精製	227℃
ごま油	半精製	232℃
ココナッツ油	精製	232℃
コーン油	精製	232℃
大豆油	精製	238℃
ギー	―	252℃
マスタード油	―	254℃
紅花油	精製	266℃

日本人が体質的に最も合わないだろうと思われる油がこれで、ネパールやバングラデシュなどでもよく使われる。しかし当地ではマスタード油に魚介系のだしを加えるから、意外や日本人の口に合ったりする。

マスタード100%の油もあるが、ふつうはサラダ油を混ぜた商品が売られていたりする。なにしろクセのある香りが特徴で、いかにもインド的な油ということができる。インドでは油自体がスパイスみたいな香りをもっていて、むしろそのことを重要視している風もある。インドではとにもかくにも〝香り優先〟なのだ。

日本ではサラダ油かバターが主で、香りのきつい油を使うことはまずないが、インドでは「どんな香りをつけたいのか」によって油を使い分ける。中国料理にはネギ油やラー油といった、いわゆる香り油があって商品化もされている。ところがインドにはそれがない。個人的には、ホールスパイスを熱した油で炒めた各種の香り油が商品化されたらおもしろいのに、と思うが、そんなものは簡単にできてしまうのだからわざわざ買い置きしておくことはない、というのがインド人の理屈なのだろう。

たとえばシナモン、カルダモン、クローブの3点。スターターに使う際、どんな香りの油を使うかによっても、まったく違う味や香りになってしまう。要はどんな香りをつけたいのかが重要となる。

Chapter

1-3-B

塩の役割

カレールゥやカレーペーストで作るカレーは簡単だ。ルゥで作るカレーなら、具となる食材を炒めたり煮たりするくらいが唯一調理と呼べるもので、あとはルゥを鍋に放り込めば自動的にできあがる。カレーペーストなら、あめ色玉ネギがすでにペースト状にされているから、ただ具材を加えて水でのばして煮込むだけでいい。

味つけはとっくの昔に済んでいる。ルゥにもペーストにもブイヨンなどの各種エキスやアミノ酸などの調味料、ご丁寧にもかくし味の材料までもが入っている。至れり尽くせりなのだ。

たとえば、こんな便利な品物で安易な〝カレー人生〟を送ってきた人が、「さあ、スパイスを使ってカレーを作ってみましょう」といきなり言われると、頭の中が真っ白になってしまう。カレールゥもカレー粉もカレーペーストも使わない。目の前にあるのは、油とスパイスと具材だけだ。

(えっ? 調味料は塩だけなの?)

ますます自信が失われていく。だしも各種発酵調味料も酒もない。しょうゆも日本酒もみりんもいっさい使わずに和食を作ってください、と言われたら、誰だって途方にくれるだろう。

(いったいどうやって味つけすればいいのだ……)

日本人なら間違いなく困惑するだろうが、インド人は古来より油とスパイスと塩だけでカレーを作ってきた。作り方はシンプルそのものだが、カレーの味わいまでシンプルなわけではない。むしろ逆で、野菜の味、肉の味、魚介の味が素直に引き出されている。スパイスと塩が素材本来の味をみごとに引き出しているのだ。このシンプルにして重層的な味には、カレールゥやカレー粉が作り出すおいしさとはまた別次元のおいしさがある。塩はカレーを作る上で最大の調味料なのだ。

塩は素材ごとにふるのが理想

スパイスカレーにおける唯一ともいえる調味料の塩。どのタイミングで入れるかというと、パウダースパイスを加えたあとに入れる。塩の脱水効果を期待して玉ネギを炒める際に塩をふり入れるケースもあるが、これはきわめてまれである。

第2章のカレーの「ゴールデンルール」で詳しくふれるが、スパイスにしろ塩にしろ、鍋に入れるタイミングはほぼ決まっている。ほんのさわりだけふれると、

① ホールスパイスでベースの香りを作る
② 玉ネギでベースの味を作る
③ トマトでうま味とコクを加える
④ パウダースパイスで色と辛味と香りを加え、塩で調味する

以上、①〜④までが「カレーの素」を作る工程で、建築でいえば基礎工事の段階だ。あとは具材と水を加え、最後に仕上げの香りづけをすればできあがりである。

塩の役割は何かというと、スパイスの香りや辛味の引き立て役というべきだろうか。スパイスと同時に加えるのはそのためだが、理想をいうと少し違う。私が理想とする塩のタイミングは、玉ネギ、トマト、肉と新しい材料を追加するたびに、ほんの少しずつ塩を加えていくというものだ。現にフレンチの「ラタトゥイユ」などでは、野菜を加えるたびに塩を加えていく。第3章でフランス料理の調理テクニックについて話をうかがった、辻調理師専門学校の西洋料理専任教授・三木敏彦先生も、「フランス料理では素材ごとに塩をふるのが基本です。素材の味を引き出し、なじませる効果があるからです」

と説明している。

しかし日本では、「最後に塩で味を調えましょう」が定説みたいになってしまっている。調理の最後に塩を入れても、全体の味になじまないと思うのだが、どうだろうか。とはいえ素材ごとに適量の塩をふるには熟練が要る。ここでは「塩はスパイスとともに」と覚えておいてもらいたい。

さて肝心の塩だが、インドの一般家庭では天日塩に岩塩、それとブラックソルトなどが使われている。ブラックソルトは数億年前の地層から採れるヒマラヤ岩塩で、赤黒く結晶化されていて、口に含むと温泉たまごのような硫黄臭がするが、豆料理などには欠かせない塩で、味にいい知れぬ深みが出る。またチャットマサラなどにも使われている。チャットマサラは野菜や果物にふりかけて食べるためのスパイスミックスで、タンドール料理の仕上げに使ったりもする。

Chapter 1-3-C

豊富なかくし味

日本人は「かくし味」とか「裏ワザ」という話題が好きだ。それをまたオープンにしてしまうものだから、かくし味でも何でもなくなり、裏ワザも表ワザになってしまう。そこはご愛敬というものだが、ここではカレーのかくし味についてちょっぴりふれてみたい。

よくカレーライスの上からしょうゆやソースをドボドボかける人がいる。関東人はしょうゆ派で、ソース派は関西人に多いといわれる。これも日本独自の光景というものだろうが、ここまであからさまに味つけされてしまうと〝かくし味〟と呼ぶのがいささかはばかられる。おそらく子どものころからそうやって食べてきているから、カレーを見ると習慣的にしょうゆをかけたくなってしまうのだろう。悪気はもちろんないと思う。でも作り手からすると、ちょっぴり悲しい光景というほかない。

では日本でカレーのかくし味が話題になり、大いに盛り上がるのはなぜか。「実はチョコレートを入れてるんだ」とか「ハチミツが一番かな」とか「味噌が意外に合うんだよ」などという者もいる。

100人に「あなたのかくし味は何?」と聞いたら、おそらく100通りの答えが返ってくるだろう。もちろん正解などない。これを入れたら絶対うまくなる、というものもない。誰かにとってはピタリとハマる味でも、ほかの人にハマるとは限らないからだ。

このかくし味に対する不思議な情熱はどこから来るのだろう、と考えると、どうしてもカレールゥに行き着いてしまう。ルゥは長年にわたって専門家たちが緻密なレシピ開発を繰り返してきた成果であって、いわばほぼ完成された味といっていい。でも、完成されたものは概ねつまらないもの、というのもまた事実で、バイクや車のマフラーを変えたり、サスペンションを変更したりするのは、出来合いのものではなく、世界に一つしかない自分だけのカスタムカーがほしいからだろう。

カレーも同じだ。完成されたルゥの味にちょっとばかり反抗してみたい。いや、私は生まれつきお仕着せのものには満足できない人間なんだ、見損なわないでほしいね――と精一杯アピールしているのかもしれない。いずれにしろ、カレー考現学を追究する上で、この〝かくし味〟というテーマは外せない。

シンプルなカレーこそ〝かくし味〟が効果的

さて、インドのカレーにはだしも発酵調味料も酒も使われていない。タイ風カレーであればナムプラーやカピが使われ、しっかりうま味が引き出されているのだが、インドとなると調味料らしいものは塩だけ。そもそもだしを取る文化がない上に、料理に酒を使うこともない。シンプル・イズ・ベスト。シンプルさこそが、インドのカレーの真骨頂である。

ただし、シンプルゆえに加工しやすいという面もある。たとえば、ただの玉ネギ炒めの代わりにフライドオニオンを使うとか、ニンニク、ショウガにプラスしてマッシュルームペーストを入れようか、というアイデアも出てくる。水の代わりに少し生クリームを加えようというのもある。スパイスカレーはシンプルなだけに、かくし味の活躍の場がいっぱいあるのだ。

かくし味の筆頭に挙げられるのが生クリームやヨーグルト、バターやギーといった乳製品だ。独特のコクがカレーに深い味をもたらしてくれる。

あるいはチャツネという甘酸っぱい薬味もある。野菜やフルーツに砂糖や酢、スパイスを加えて煮つめたもので、マンゴーチャツネがよく知られている。またカレーに甘味と風味を加えたいという狙いでいえば、フルーツやジャムも有効だ。

ナッツ類はカレーの味をゴージャスにする

ナッツ類も忘れてはならない。カシューナッツを加えれば深いコクを演出することができる。もちろんそのまま煮込むわけではない。牛乳やヨーグルトなどといっしょにミキサーにかけ、ペースト状にしてから煮込む。あるいは砕いたナッツをパウダースパイスといっしょに炒める場合もある。

カシューナッツやアーモンドといったナッツ類は、カロリーが高い上に油脂分が多い。それだけにうま味とコクは十二分に出る。だからほどほどにしないと、ついヘビーな食感になりかねない。ナッツはほかにピスタチオやピーナッツもある。また、ごまをペースト状にして加えるという手法もある。

乳製品やナッツ類が調味料代わりに使われ、かくし味という黒衣の役割ながら立体的かつ重層的なカレー世界を演出していることはたしかだろう。

狙いを定めてかくし味を使う

かくし味は、その名のとおり、「かくして使う」のが鉄則である。たとえばカレーを食べた人から、「しょうゆが効いていておいしいね」などと言われたら、失敗だと思ったほうがいい。「何が使われているのかわからないけれどうまい」をめざすのが、かくし味の正しい使い方である。そのためには、かくし味に使う素材についての理解を深める必要がある。

チョコレートを加えるとカレーがおいしくなる、とよくいわれている。チョコレートには苦味と甘味があり、ほんのりと酸味もある。これらが自分の作りたいカレーにどう作用するのかが肝心だ。ビターチョコなら苦味が強まるし、ミルクチョコなら乳製品のうま味が入る。アーモンドチョコならナッツのコク、ウィスキーボンボンなら酒の風味が加わる。素材の特徴を熟知し、狙いを定めてかくし味を使うべきだと私は考える。

かくし味の２次元マトリックス

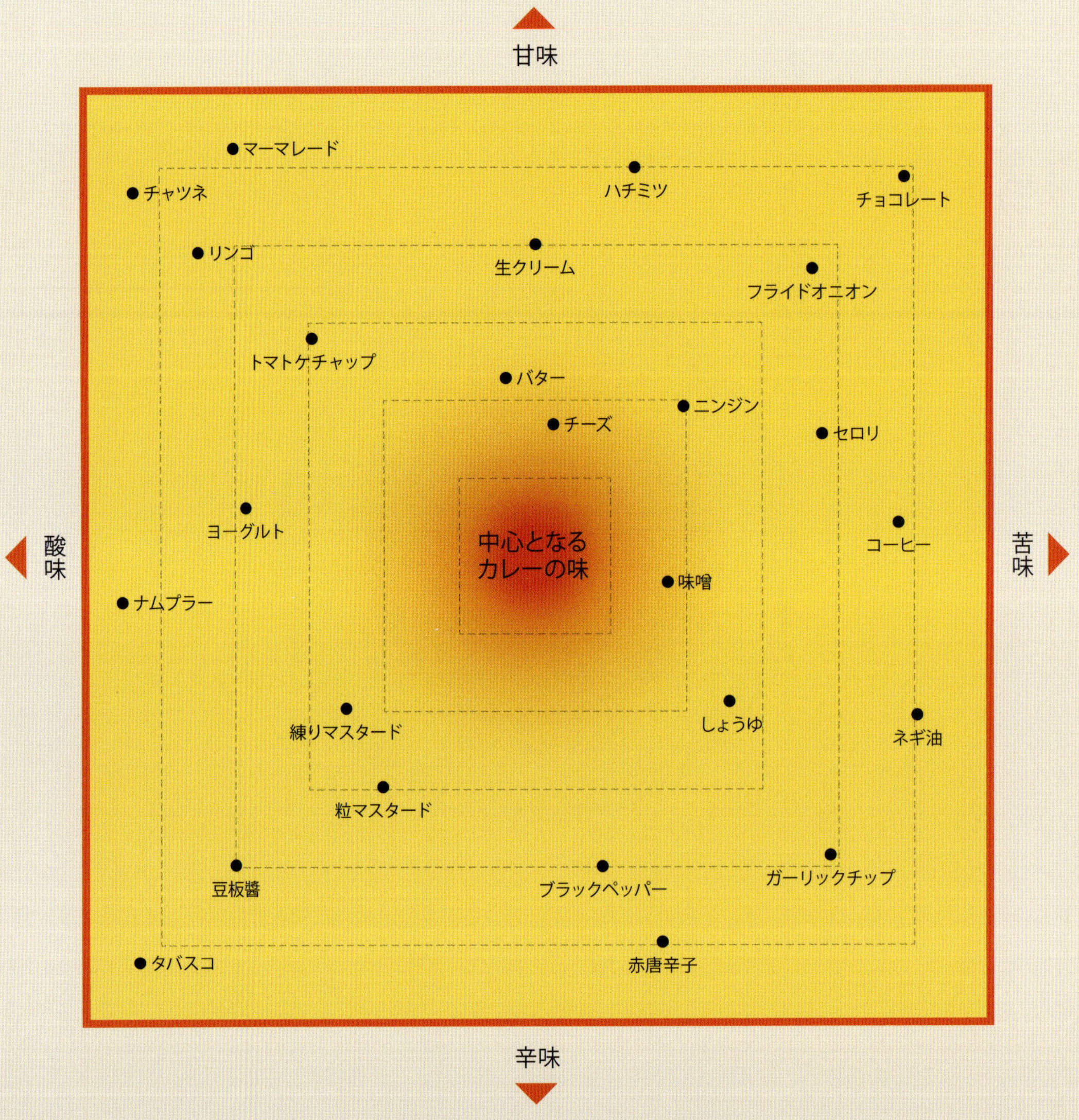

コクを生むアイテムの分類例

分類	主なアイテム
乳脂肪分	バター、ギー、チーズ、生クリーム、ヨーグルト、牛乳
油脂分	ラード、ごま油、ラー油、ネギ油
発酵調味料	しょうゆ、味噌、ナムプラー、塩麹、みりん
調味料	トマトケチャップ、ウスターソース、マヨネーズ
甘味調味料	マンゴーチャツネ、ジャム、ハチミツ
辛味調味料	粒マスタード、タバスコ、豆板醤
ナッツ類	カシューナッツ、ピーナッツ、アーモンド
だし類	昆布だし、かつおだし、チキンブイヨン、コンソメ
酒類	ワイン、日本酒、梅酒、ビール、紹興酒
とろみ	小麦粉、でんぷん質（ジャガイモなど）
食材加工品	ガーリックチップ、フライドオニオン
その他	チョコレート、コーヒー

かくし味の３次元マトリックス

基本４味のうち、“塩味”だけは適正な量がある。そのため、「2次元マトリックス」は塩味の代わりに“辛味”を加えて構成した。これによって、それぞれのかくし味の特徴がポジショニングできる。ただし、2次元マトリックスでは第５の味覚と呼ばれる“うま味”についての説明ができない。そこで、2次元マトリックスにうま味のベクトルを加えたのが「3次元マトリックス」である。うま味はかくし味のアイテムごとに強いものから弱いものまでさまざまである。このほかに香りや舌ざわりが加わることで、最終的に“コク”が生まれる。

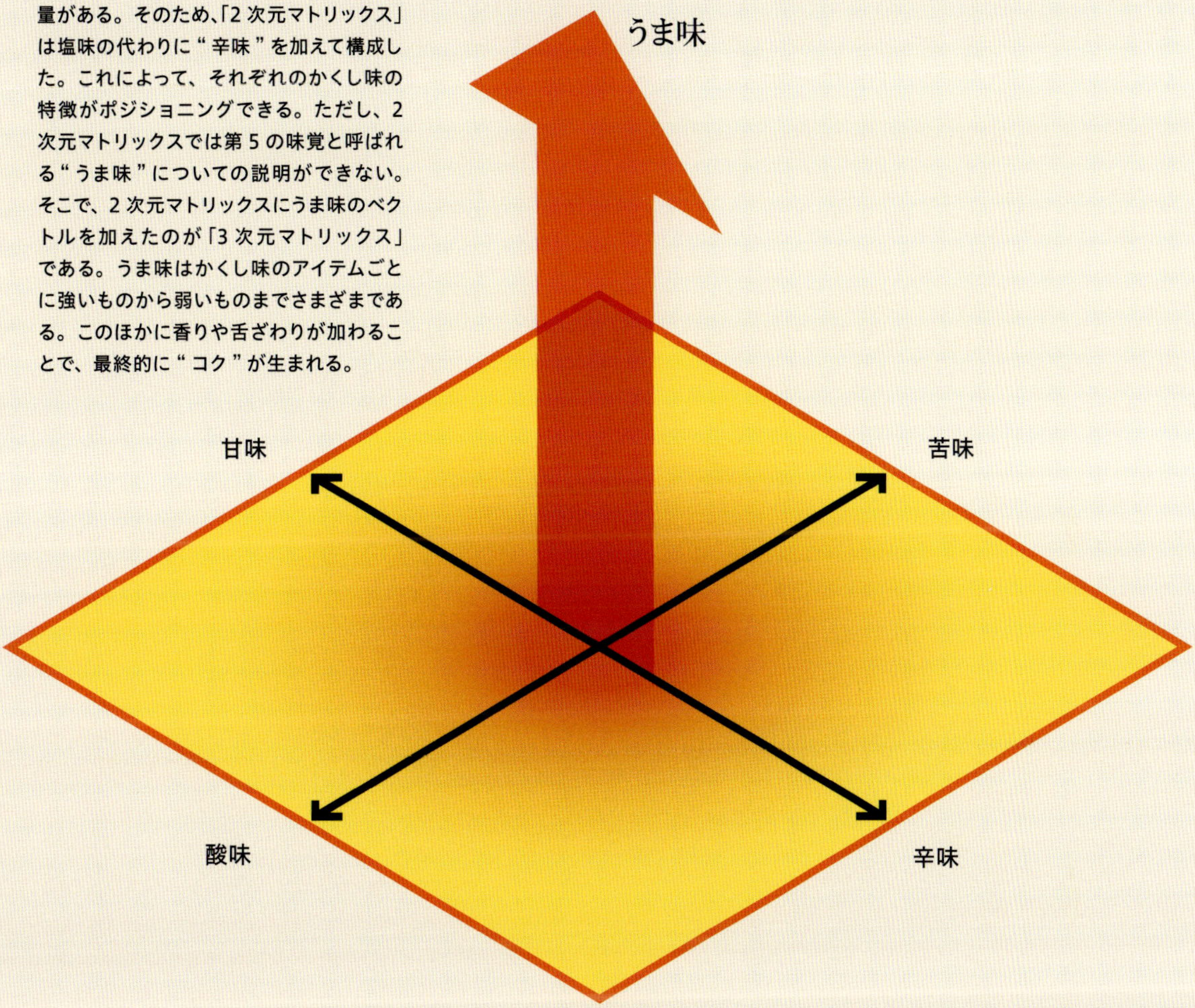

味覚		その他の感覚	嗅覚	触覚	視覚	聴覚	その他の環境
基本４味	第５の味覚						
塩味 甘味 酸味 苦味	うま味	辛味	香り	舌ざわり 温度	色(ツヤ) 形	音	習慣 雰囲気 健康状態

カレーのコクとは、上記の要素のうち、
主に「うま味」を中心として、そのほかの赤字部分の相乗効果によりもたらされるおいしさ。

かくし味には、大きく分けて次の「5つの効果」がある。

① 相乗効果
② 相反効果
③ バランス効果
④ 複雑化効果
⑤ 増強効果

たとえば②の相反効果だが、スイカに塩をふると甘く感じられる、といった例を思い浮かべてもらうとわかりやすい。カレーの辛味を生かすために、ほんの少し甘味を加えて逆に辛味を引き立たせるといった手法がこれだ。

④の複雑化効果というのもある。チョコレートやしょうゆ、ブルーベリージャムのように、まったく異なる味わいのものを複数加えることで、奥深い印象を意図的に作り出す手法である。

『コクと旨味の秘密』（伏木亨著）という本には、

《「たくさん味が混じっている」という感覚がコクの一つであると思います。「集合」はコクの正体を知るうえでの重要なキイワードになりそうです》

とある。つまり、コクは複雑に味覚がからみ合い、絶妙にバランスがとれたときに発生する、とこう言うのである。

かくし味の〝四種の神器〟とは

⑤の増強効果はどうだろう。こんなエピソードがある。私は仲間たち8人と「東京カリ～番長」というユニットを組んでいる。主な活動は各種イベントに出張してカレーをふるまい、カレーの奥深さを広く知ってもらうことなのだが、あるとき、料理を担当していたメンバーの一人が「今日のこのカレー、ちょっと自信ないな」と突然言い出した。作ったはいいが、味つけに自信がもてないというのだ。

しばらく思案投げ首だった彼は、率然としてコンビニに走った。そして戻ってきた彼の手にはひと箱のバターが……。

（なるほど、あの手を使うわけだね……）

仲間たちはニッコリ笑ってうなずき合った。困ったときのバターひとかけら。これを鍋にボトリと投じれば、たちまちリッチでゴージャスなカレーに変身してしまう。バターには、乳化だけでなく香りづけやうま味を加える効果もあるのだ。われわれにとって、これほどありがたい〝かくし味〟はない。かくし味を使うにあたっては、たまたまおいしくなっちゃった、ではまずい。34頁のマトリックスを見てもらえればわかるが、大事なことは「どんな味のものを、どのような狙いで入れるのか」という点だ。結果オーライの棚からぼた餅式では、「味の再現性」という点でも問題がある。2度と同じ味を作り出せないというのは、素人ならまだしもプロには絶対許されない。

要はいろんな味のものが〝かくし味〟になり得るということなのだが、投入する際には「狙いは何か」をよく考え、計算どおりのピンポイントの味をめざしてほしいのである。

ここで、とっておきのかくし味をご披露しよう。「東京カリ～番長」が10年以上（500回以上）出張料理をしてきたの経験の中から探し出したもので、カレーのバージョンアップには絶大な力を発揮する。名づけて、カレーをおいしくするための「四種の神器」。それは「ニンニク・砂糖・唐辛子・バター」の4つだ。これらを加えたり増量したりするだけで、不思議とおいしくなってしまう。

ただし注意も必要だ。ニンニクは必ず油で炒める、唐辛子は加えるタイミングを間違えない、砂糖は料理の後半にかくし味的に加える、といったことなどだ。

以下に四種の神器について解説しているので、ぜひ参考にしてほしい。

① ニンニク……加熱したときに生まれる独特の香りは、食欲をかき立てる効果がある。

② 砂糖……人間が最も早く感知する味覚が甘味である。甘味を感じることでおいしさのスイッチが入る。

③ 唐辛子……辛味は味覚ではないが、脳の神経に直接的に作用する働きをもつといわれている。常習性もある。

④ バター……動物性の脂肪分の中でも、特にうま味を強く感じさせる。カレー全体を乳化によりまろやかにしてくれる。

かくし味の5つの効果

1. 相乗効果

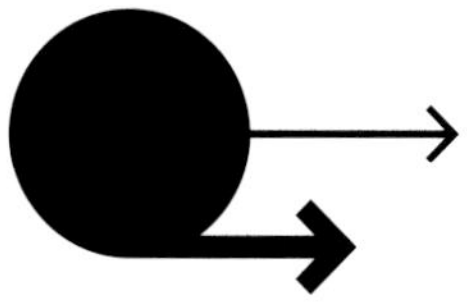

中心となるカレーの味の方向性と同じような味わいのかくし味、もしくは、それをさらに際立たせる味わいのかくし味を使うことで、味の印象をハッキリさせる効果。

2. 相反効果

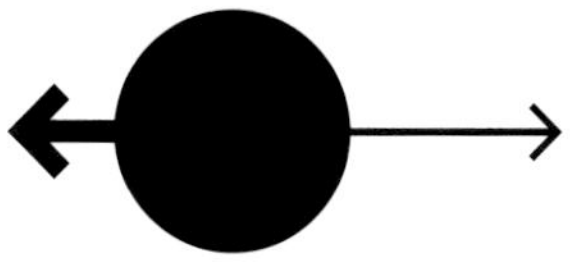

たとえば辛いだけより甘辛いほうが辛味を楽しめる。中心となるカレーの味の方向性に反するような味わいのかくし味を使うことで、メインの味を際立たせる効果。

3. バランス効果

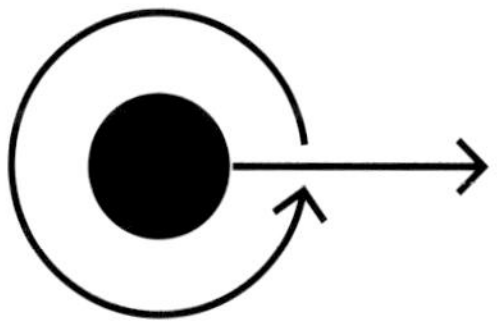

めざしているカレーの味の方向性がブレてしまったり、少し偏ってしまいがちな場合に、足りない味を補うかくし味を使うことで、全体的なバランスを整える効果。

4. 複雑化効果

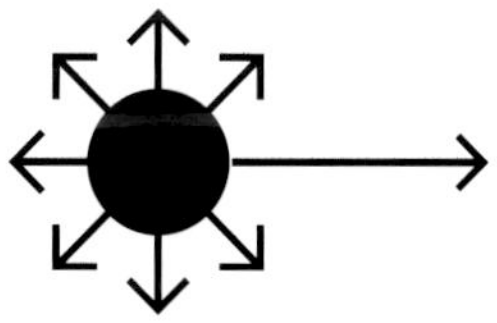

中心となるカレーの味の方向性に対して、いくつか別の方向の味わいを少しずつかくし味として使うことで、「複雑である(=奥深い)」という印象を残す効果。

5. 増強効果

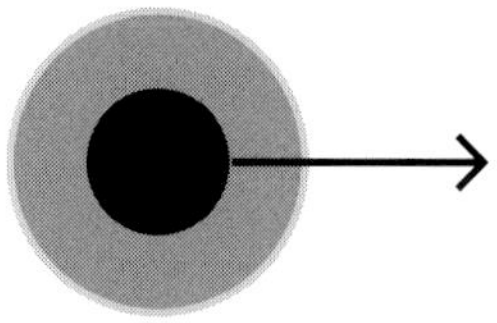

どんなカレーの味をめざしているかを問わず、単純に強いうま味をもつかくし味を使うことで、パンチ力のあるコクを生み、カレー全体の味を底上げする効果。

Chapter 1-4 食材について

Chapter 1-4-A 狙いによって異なる調理法（肉編）

日本料理でカレーが最も好きだと言ったトロワグロ氏は、その理由をこう語ったという。

「フランス料理の世界では、メインの具を引き立てるためにソースが存在する。脇役であるはずのソースが主役を演じている料理を、私は日本のカレー以外に知らない」

濃厚なソースをドバドバとライスにかけて食べる日本のカレーに、たいそう驚いたに違いない。たしかに日本のカレーの主役はソース。素材をおいしく味わうためにスパイスを使い、マサラ（グレイビー）を作って料理を仕上げるインドのカレーとも趣が違う。そして日本人はこのソースのうま味が好きだ。

しかし、その点に私はいささか不満がある。ソースをおいしくするために具が犠牲になっているカレーがなんと多いことか。エキスを出しきってただ柔らかい食感だけが残った塊肉を、ありがたがって食べる気にはなれない。この塊肉は要らないから、その代わりにステーキ肉をさっとソテーして混ぜ合わせてほしい。そんな贅沢なことをつい考えてしまったりする。だからこそ、具もソースもうまい理想的なカレー作りをめざしたいと思う。

肉の調理法がおそろしく少ない

カレーを作る上で重要なのはメインの素材選びだ。ビーフにするかポークにするか、それともシーフードカレーがいいか野菜カレーにするか――心は千々に乱れるだろうが、どんなに悩んだっていい。カレーに合わない素材はないからだ。

メインの具が決まったら、次にその味を最大限引き立てるための方策を考える。肉の部位によって調理法が違うし、薄切りの肉なら煮込みすぎないほうがいい。

カレーにおける肉の調理法をひと言でいうなら、「煮る」だろうか。ただそれだけだ。

例外はもちろんある。たとえばバターチキンなどの場合は、いったんヨーグルトとスパイスでマリネした鶏肉をタンドール釜で焼き、ひと口大に切ってトマトやバター仕立てのソースで煮込む。が、こうした例はまれで、基本はあくまで「煮る」である。「焼く」も「蒸す」も「揚げる」も出番が少なく、カレーに使う肉の調理法としてはおそろしいほどバリエーションがないのだ。

当たり前のことだが、インド人はスパイスの使い方がうまい。ちょっとやそっとではとても太刀打ちできないレベルに達している。スパイスは彼らの血そのものなのだ。だから、そのことに対しては満腔《まんこう》の敬意を払いたい。が、インド料理にしろカレーにしろ、一つの料理体系としては発展途上というか、まだ進化の過程にあるように思う。日本料理やフランス料理、中国料理といった精緻を極めた料理体系の側から眺めると、どうしても見劣りがしてしまうのだ。

私はこの本を著すにあたって、おいしいカレーを作るにはどうしたらいいか、徹底して追究しようと思った。おいしくするために必要な技術であれば、日本料理だろうとフランス料理だろうといっさい垣根を設けず、あらゆる知見、有効なテクニックを貪欲に取り入れようと考えた。その意味で、インド式の「精肉をドボッと鍋に入れる」という手法は紹介するだけにとどめたい。それが最善の方法だとは到底思えないからだ。

生肉のままか、ソテーするか

肉を使ったカレーを作る場合、大きく次の3つのことを提案したい。

① 下味をつけること
② 肉は別鍋でソテーすること
③ 煮汁のアクを取ること

以上の3つだが、どれもインドの調理場では行われていないことばかりだ。インド人は「塩・コショウ」で肉に下味をつけることをまずしない。また別のフライパンで肉をソテーし、あとでグレイビー（カレーソース）と合わせるということもしない。そもそも別鍋を利用するという発想がないのだ。おまけにアク取りもしない。すべて西洋料理の手法に反するやり方ばかりなのである。

インド人に理屈があるとすれば、たとえばこうだろう。

「生肉でないとスパイスが肉の芯まで染み込まない」

だから下味もつけないし、フライパンでソテーして肉に壁を作ることもしない、と。

これはいい悪いの問題でもないし、優劣の問題でもない。で、そのインド式のカレーがおそろしくまずいのか、というとそんでもない。食べると「参りました」と降参するしかないのだから、伝統というものはおそろしい。しかし、私は思うのだ。インド式カレーはたしかにうまい。が、もっともっとうまくなるはずだと。それが先の①～③の方法である。

さて肉の表面に強火で焼き色をつける調理法を、フランス料理では〝リソレ〟という。前述の辻調理師専門学校の西洋料理専任教授・三木敏彦先生によると、フランスでは14世紀からリソレの技術が普及し、煮込みでは必ずリソレするという。なぜ肉の表面に壁を作るのかというと、一つは煮崩れを防ぐため。もう一つは、リソレにより意図的に香ばしさを生み出し、それをうま味に変えるため。これらの効果については納得している。私がどうしても首肯《しゅこう》できないのは、うま味を外に逃がさないためという理由だ。多くの専門書にはそう書いてあるが、ほんとうだろうか？

三木先生はこう言う。

「リソレしてもうま味は外に出ていきます。焼いて、そこに置いておくだけでもうま味は出ていってしまいますからね。ただ生肉を煮込むより、ちょっとばかり味が残っているような気はする。それに焼き色の見た目のおいしさというものも無視できません」

焼き方のポイントは以下の3点。

① フライパンを熱くする
② 油も熱くする
③ 静かに肉を入れる

火力は、鍋の底から火口がはみ出さない程度が一番いいという。

リソレした肉は煮込んでもうま味が外に流出しないという「神話」は、長い間信じられてきた。しかし私は、いくら肉の表面を焼き固めても、肉のうま味は煮汁の中に出ていってしまう、と経験上感じている。一度出たうま味を肉の中に戻す方法については、私なりにいろいろと試行を繰り返しているが、何かいい方法はないだろうか。

「肉の中に再度うま味を戻す方法は、いったん常温に戻すことです。温めたカレー鍋を常温まで冷ますと、肉とソースとの味が徐々になじんでくる。煮込み料理をおいしく食べる方法は、できたてではなくいったん休ませたものを食べること。カレーもシチューもみな同じです」

と、三木先生は明快に答えてくれた。ひと晩寝かせたカレーがうまいというのはその理屈なのかもしれない。

アクは取って、うま味は残す

ここでちょっと整理すると、肉のうま味の残し方としては大きく、

① ソテーする
② 煮込んだものをいったん常温に戻す
③ マリネする

の3点が挙がる。③のマリネはワインやハーブで漬け込むというフランス料理のテクニックを参考にしているのだが、インドでも肉をスパイスやヨーグルトでマリネする手法はある。

インドではアクを取らない。精肉だからか、それとも水洗いするからか、実際それほどアクも出ないのだ。和食の世界では

〝アクも味のうち〟などというが、肉のアクというのはたんぱく質と脂が主で、これは素材のよし悪しにもよるが、灰色がかったどす黒いアクは取ったほうがいい。逆に白っぽいアクは残してもいいだろう。

さてインド人はチキンも好きだが、マトンもよく食べる。マトンというと日本では羊肉だが、インドやネパールではヤギ肉を指す場合が多い。マトン料理の際、表面に浮いてくる脂は〝ローガン〟と呼ばれ、特有のくさみがあるため、たいがい捨てられるが、取っておいて盛りつけたあとに回しかけるという人も中にはいる。

一方、健康志向の日本人や西洋人は、最少限の油を使って調理し、肉から出る脂はせっせと取り除く。

余分な脂を取り除くことをフレンチでは〝デグレッセ〟という。しかし有用な脂だってある。うま味のぎっしりつまった脂がそれだ。肉をリソレすると、フライパンにそのうま味のある脂が残る。それをブイヨンやワインで煮溶かす。〝デグラッセ〟と呼ぶ調理法だが、私はこのテクニックをカレーに応用したいと考えている。肉をリソレしたあとにデグラッセしてうま味を残す——これが水野流のやり方だ。

肉の種類別、部位別調理法

部位	調理法
牛肉	
肩ロース	万能に使える部位。筋切りしてリソレし、煮込む。
リブロース	しゃぶしゃぶやすき焼き用の薄さに切って、カレーの仕上げに加える。
サーロイン	ステーキ肉としてソテーし、カレーの仕上げに加える。
ヒレ	カレーにはあまり向かない。
ランプ	挽肉にしてキーマカレーに。
バラ	煮込みに適している。じっくり柔らかく煮込んでカレーに。
もも	一般的なカレーの煮込みに使われる。
すね	じっくり長時間かけて煮込むことで濃厚な味が生まれる。挽肉にしてキーマカレーに使うのもよい。
テール	じっくり長時間かけて煮込むことで濃厚な味が生まれる。
鶏肉	
むね	長時間の煮込みには向かないため、さっと火を通して食感を楽しむカレーにオススメ。
もも	調理全般に向いている。皮面からリソレして煮る。骨付きの場合はマリネしてオーブンで焼いてから煮込むのもよい。
手羽先	煮込むとプルンとしたとろみと、だしのうま味が出る。
手羽中	短時間の煮込みで身が骨から外れるくらい柔らかくなる。
手羽元	弱火〜中火で45分ほど煮込めば、骨から身がはらりと外れるほど柔らかくなる。
ガラ	香味野菜とともに煮込んでチキンブイヨンをとる。
豚肉	
肩ロース	筋切りをしてリソレし、煮込む。
ロース	煮込みには向かない。薄切りにしてソテーし、カレーの仕上がり直前に加えて具として味わう。スライスをさっと煮てもよい。
ヒレ	煮込みには向かない。ソテーしてカレーの仕上がりに加えるか、とんかつにしてトッピング。
バラ	マリネしてじっくり時間をかけて煮ると、角煮のような甘くて柔らかい豚肉のカレーになる。スライスを煮てもよい。
もも	一般的なカレーの煮込みによく使われる。スライスをさっと煮込むのもよい。

Chapter 1-4-B

狙いによって異なる調理法（魚編）

肉を使ったカレーに比べると、魚介を使ったカレーはどっちかというと地味で、訴求力も弱く、メニューの片隅で無聊《ぶりょう》をかこっているような存在だ。要はポピュラーでない分、日陰者の地位に甘んじているのである。実にもったいない話だ。

インド料理店を経営する友人は、こんなことを言っている。

「シーフードカレーをメニューに組み込むというのは、けっこう大変なんです。正直いってつらいと思うこともある。なにしろ注文が入らないですからね。魚介ってやつは足が早いし、作り置きができない。注文がないと、仕入れた魚がぜんぶムダになっちゃうんです」

それでも春先はホタルイカ、秋はサンマ、夏はカツオといったように、スパイスで味つけした旬の魚を心ゆくまで味わってもらいたいものである。シーフードカレーの人気を高めていくには、地道なPRを積み重ねていくしかない。

外食の世界で魚のカレーは脇役

インドでも事情は同じで、フィッシュカレーがお店の〝ウリ〟というケースはそれほど多くはない。作り置きができないし、生のままだとすぐ傷んでしまうので、商売ベースでは扱いにくい素材なのだ。同じく日本でインド料理店を営む友人は、

「日本でも魚介のカレーを出す店は少ない。あったとしても北インド系のこってりしたグレイビー（カレーソース）に魚を混ぜただけって店がほとんど。ココナッツベースのソースで旬の魚を煮込んだようなカレーが、ごくふつうに出てくるようになったらすごいんだけどね」

もどかしくてたまらない、といった口調で嘆いたものだ。

さて魚介を使ったカレーというと、どんな素材があるのだろう。魚は基本的に白身のものが使われる。たとえばクセのないカジキマグロ。カレイやスズキという手もある。またリッチにいきたいのなら、タイやマナガツオという選択肢もある。

インドでは川魚もポピュラーだ。ベンガル料理によく使われるコイの一種のルイ。高級なイリッシュという魚もある。彼らも日常的に魚を食べていて、市場にはものすごい数の魚が並んでいる。調理法としては塩とターメリックを擦り込んで油で揚げてから煮る、というのが一般的だろうか。

魚以外にはエビ、カニなどの甲殻類も使われる。日本ではブラックタイガーや大正エビなどがポピュラーで、濃厚なエキスが取れる。フレンチの世界にはソース・アメリケーヌという、甲殻類の殻と香味野菜をベースにして作った贅沢なソースがあって、今ではアメリカンソースとして缶詰にもなっているが、このソースを使うとコクとうま味のあるカレーができあがる。

煮込みすぎないことが肝心

私もこのアメリカンソースはたまに利用するのだが、これとは別に私流の良質のだしのとり方がある。エビのすり身を作り、玉ネギを炒めているときにいっしょに加えて炒めてしまう。またはエビの頭を焼いたり炒めたりして煮込み時に加える。実に簡単だが、これでエビカレーの味が見違えるようになる。

このように日本人はひたすらコクとうま味にこだわるから、ソース・アメリケーヌに欠かせない、いわゆるカニ味噌とかエビ味噌も効果的だ。また、比較的コライユ（カニ味噌など甲殻類の内臓）を好む東南アジアの料理には、ヒントがありそうだ。

それでは貝類はどうかというと、インド人はほとんど食べないというのが実情だ。その理由の一つに、インド人は海岸で用を足すというのがある。日本でも昔はもっぱら人糞で野菜などを作っていたものだが、その栄養価の高い海水で育った貝は、まるまる太っていてもイメージ的にあまりよろしくない、という認識があるらしい。とはいえ、カレーをおいしくする魚介類のだしとして、アサリやハマグリはきわめて頼りになる存在だと私は思っている。

魚介類でカレーを作る際のポイントは、「だしにするならよく煮込み、具として食べるなら煮込みすぎないこと」。

インドでも魚は最後の最後に入れ、煮込みすぎることはない。肉のように時間をかけて煮込むと、煮崩れはもちろんだが、身が固くなり魚特有の磯くささも出てきてしまう。

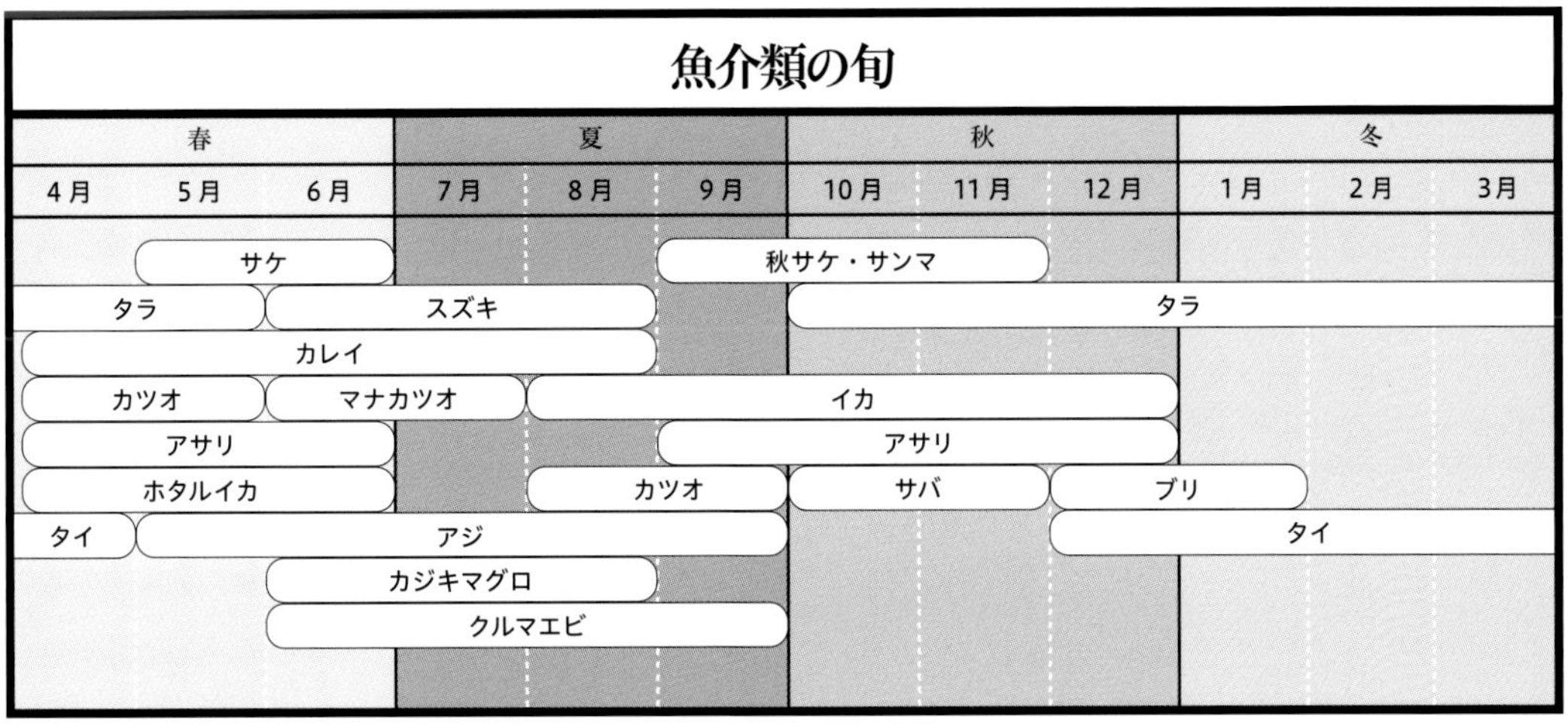

Chapter
1-4-C

狙いによって異なる調理法（野菜編）

日本でカレーというと、昔からニンジン、ジャガイモ、玉ネギが不動の〝御三家〟と呼ばれているが、正直、この御三家とそろそろ訣別したほうがよろしいのではないか、と思っている。本場インドの野菜カレーのバリエーションに比べると、あまりに貧寒で、広がりがなさすぎるからである。

インドにはベジタリアンが多い。インドで国内便の飛行機に乗れば、必ず「ベジ？　それともノンベジ？」と聞かれる。インド西部のグジャラート州では人口の60％がベジタリアンで、飲酒も禁止されている。それなのに肥満で糖尿病を患っている人が多いというのは皮肉だが、動物性の食事が摂《と》れないため、代わりに砂糖を大量摂取してしまうらしいのだ。で、必ずしも「菜食主義＝ヘルシー」ではないという証左なのだが、そのことはひとまず措《お》いておく。

野菜カレーは無限のバリエーション

インドの野菜は豊かだ。市場に行くと、旬の野菜のオンパレードで、ナスやキュウリ、ダイコンにカボチャ、それにゴーヤやビーツ、カリフラワーと何でもある。トマトなんかは羨ましいほど安く手に入るし、どの野菜も一様に風味が強い。旬を味わうという感覚が強いのも魅力的だ。

おまけにインドのベジタリアンは乳製品をよく食べる。いわゆる〝ビーガン〟と呼ばれる絶対菜食主義者なら卵も乳製品もいっさい口にしないが、インドのベジはバターもヨーグルトも大丈夫。そしてまた豆類をよく食べるから、栄養バランスからいっても何の問題もない。

だからむしろ、ベジタリアンのほうが豊かな食生活を享受しているともいえる。なぜなら、ノンベジが食する肉の種類といったってせいぜい4〜5種類で、極端にいえばチキンとマトンくらいしか食べない。それを調理法のバリエーションで楽しもうという発想なのだが、野菜のバラエティとその豊富な調理法と比べたら、やはり見劣りがしてしまう。

インドにベジタリアンが多いのは、その背景に宗教や貧困の問題などもあるのだろうが、これだけ豊富な野菜と果物があれば、もはや肉や魚を口にしなくとも十分満ち足りた食生活が送れているからではないか。それに変幻自在なスパイスまで加われば、ほとんど無限ともいえるカレーのバリエーションが生み出せる。

また野菜といえば豆類も忘れてはならない。ムングと呼ばれる緑豆やレンズ豆（マスール）、ひよこ豆（チャナ）などがあり、ダールと称するひき割り豆もある。ムングダールやチャナダールは、チキンやマトンといっしょに煮込んでもいい。豆のカレーのバリエーションはこれまた無限だ。

味のベースにも具にもなる野菜

カレーの中で野菜を考える場合、具にする以外に味のベースに使う野菜もある。玉ネギ、ニンニク、ショウガ、トマトなどが代表で、玉ネギとニンニク、ショウガはみじんに切るか、薄切りにするか、千切りか、それともペーストにするかで、味わいがまったく変わってくる。玉ネギの切り方と炒め方に関しては別章に譲るが、これもつきつめてみると実に奥が深い。

インドの玉ネギは多くが紫玉ネギで、どれもみな小玉だ。ニンニクも同様で皮を剝《む》くのにひと苦労する。日本では玉ネギを弱火でじっくり炒め、あめ色にするのが〝使命〟と考えられている。甘味を出すためだというのだが、インド人は逆に玉ネギの甘味をそれほど重視しない。玉ネギは芳ばしい香りを出すスパイスの一種と考えられていて、それこそ強めの火で一気に炒めてしまう。

玉ネギ、ニンニク、ショウガに次いで味のベース作りに重要なのがトマトだ。食べごろを迎えたフレッシュなトマトが一番だが、個体差があり、旬を逃すと味が安定しないので、私は缶詰のホールトマトかトマトピューレをよく利用する。トマトピューレは大さじ1杯にトマト1個分が凝縮されている。調理する上ではフレッシュなどより勝手がよいのだ。

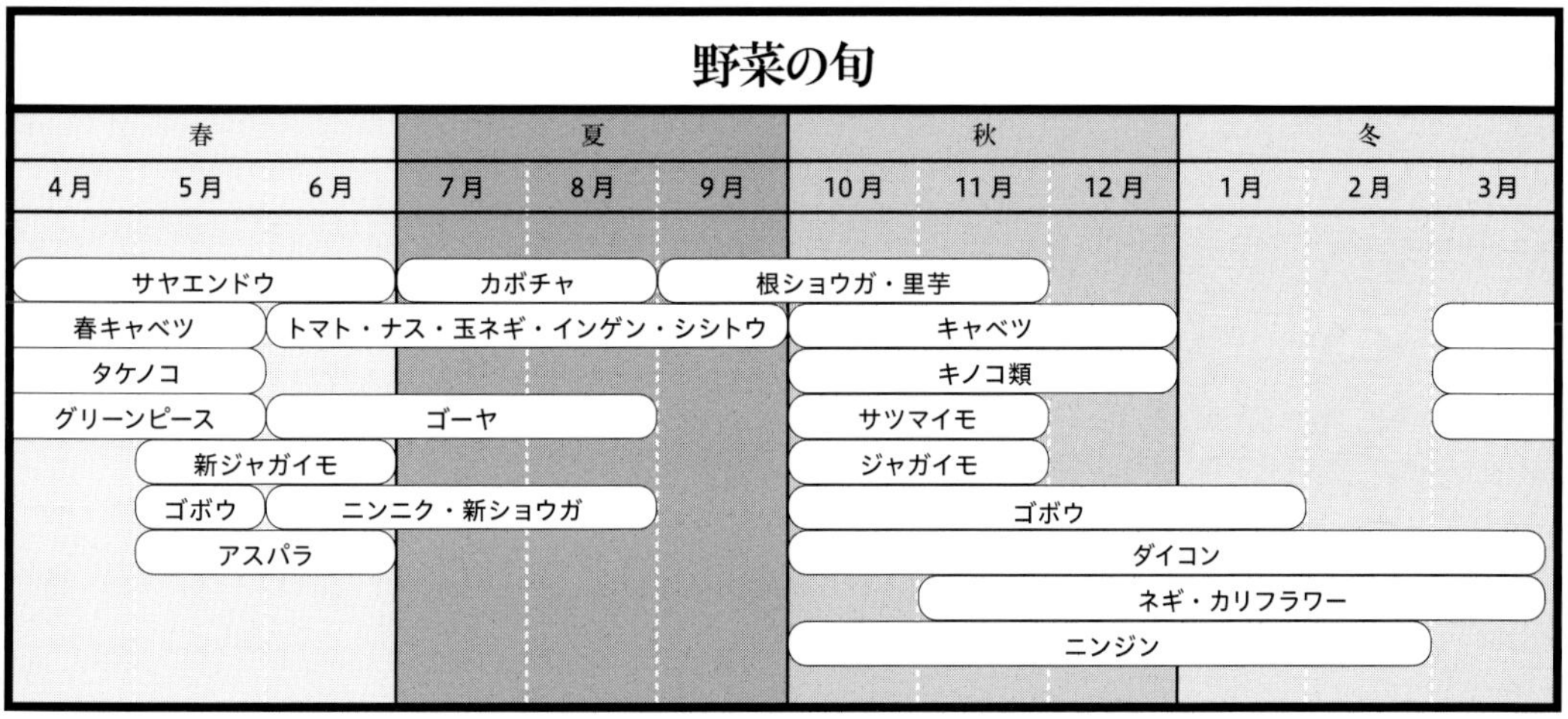

Chapter 2

カレーの原則

スパイスを使ったカレーには原理原則がある。
その原則は、あらゆるタイプのカレーに通用する。
だから名づけて「ゴールデンルール」。
カレーは数学であり科学であることがこの万能ルールによってわかるだろう。

Chapter 2-1

カレーのゴールデンルール

カレーは足し算と引き算を繰り返す料理である。足し算をする行為は割と簡単で、思いつくままに味を足せば足した分だけおいしくなったような感覚を得られることもある。ところが引き算をするのは大変で、勇気も要るし、知識や経験も必要だ。ならば、極限まで材料を引いたらどんなカレーのレシピが生まれるのだろうか。そこに挑戦した結果、たどり着いたのがスパイスで作るカレーである。そしてこれは、結論だけ見ればなんのことはない、ごくシンプルなインドカレーの姿だった。

黄金律と呼ぶべきルールを発見

カレーのルーツであるインドカレーについては、私なりの考えがあった。それは、「すべてのインドカレーは一つのルールに従って作られている」というものである。私自身、インドカレーを作るときは、ホールスパイスとパウダースパイスを傍らに準備し、さまざまな素材とともに鍋に投入していくのだが、その手法は情けないほどワンパターンだった。

具となる素材の下味や下準備に手間をかけたり、スープストックを長時間かけて作り、そこからソースを生み出して素材と合わせるなど、いくつかの調理が同時進行して最終的にひと皿の料理が完成するフランス料理や中国料理の手法とは違う。ひとつの鍋に順番に素材を加えていくとやがて鍋中にカレーができあがる。プロセスだけを見れば驚くほど単純だ。

ところが作り方を明快にルール化した書物はどこにもない。インド料理に関する洋書を100冊以上所有しているが、どこにもそのルールはない。個別のレシピをひもとけば、どれも私の考えるルールどおりに展開されているというのに……。

インドカレー（スパイスで作るカレー）には黄金律とも呼べるルールがあるはずだ。この仮説を検証するために、私は、とあるインド料理店に1年半にわたって300回以上通いつめた。毎日繰り出される日替わりカレー2種を食べ、調理場に顔を出してシェフに作り方を教えてもらう。地道な取材は、大きな成果を上げた。600種類に及ぶカレーのレシピは、私の立てた仮説とまったく同じプロセスで作られていたのである。

プロセスは一つ。違うのは鍋に投入する素材のチョイスと分量、そして加熱の方法や時間などである。そこをアレンジしていくだけで無数のカレーが生まれる。スパイスで作るカレーにはこれほどゆるぎない決まりが存在するというのに、誰もそれをルール化していないことが不思議でならなかった。

このルールで日本のカレーを作ることもできるのではないか。私は即席カレールゥを引っ張り出して箱の裏に書かれた原材料を洗い出し、自分のルールに当てはめてみた。どの材料が何の目的で使われているのか、それはどのタイミングで鍋に投入すべきなのか。特殊な材料を手に入りやすいもので代用して、ルールに従ってカレーを作る。結果、スパイスを使って即席ルゥのカレーと同じような味わいを作ることができた。いわゆる世間で「欧風カレー」と呼ばれているカレーである。

では、タイカレーはどうだろうか。そば屋さんで出てくるような和風のカレーはどうだろうか。同様にルールに当てはめてカレーを作る。みごとにカレーはできた。スパイスで作るカレーのルールに従えば、インドも欧風もタイも和風もすべてのカレーの説明がつく。どのタイミングで何を素材として選択するか、そのアレンジによってカレーはさまざまな味わいに姿を変えるのだ。

カレーの正体を一気に暴いたような気持ちになって、私は、このルールに確信をもった。一つルールができるとそれが自分の中でものさしとなる。これまで深く考えず漫然と行ってきたカレー作りにおけるさまざまなテクニックは、何のために必要なものだったのか、または、必要でないものだったのか。こんがらがった紐がほどけてピンとまっすぐに伸びるように、頭の中で整理がついていく。

自分で作るカレーだけではない。外で食べるカレーについても、味わいながら「この味はあのルールのどこをどうアレンジしたらできるのだろうか」と考える。すると初めて食べるカレーの味でも再現性が高まった。ルールに沿わない手法と出会えば、それがなぜ違うのかを検証することで、〝意図的にルールを外した〟レシピの狙いを理解することができた。

ルールを大雑把に説明するとすれば、「火の通りにくいものから火の通りやすいものへ」順に加えていく原則に基づき、「ベースを炒めて水分と具を加えて煮込む」というものである。私はこの黄金律ともいうべきルールを、カレーの〝ゴールデンルール（GR）〟と呼ぶことにした。それは以下のようなものだ。

① 油にホールスパイスの香りを移す
② 玉ネギなどで味のベースを作る（はじめの香り）
③ トマトでうま味を加える
④ パウダースパイスで香り、色、辛味を加える
⑤ 水分を加える
⑥ 具を煮込む
⑦ 仕上げの香りを加える

スパイスを加えるタイミングは①④⑦と計3回。香りと味を交互に重ねていく感じだろうか。①〜④までが「炒める」工程で、⑤〜⑦までが「煮る」工程。つまりスパイスカレーは「炒めて煮る」が基本で、それがまた原則でもある。

Chapter 2-2 GR① はじめの香り

GR①の「はじめの香り」をもう少し詳しく説明するとこうだ。

スパイスカレーを作る際に、まず一番最初にやるべきことがGR①だ。熱したフライパンに油とホールスパイス（青唐辛子や香菜などフレッシュスパイスを使うこともある）を入れて炒め、香りを引き出す。この香りが通奏低音のように最後までカレーのベースとなり口中にこだまする、というわけである。

この際に使われるのは主に乾燥したホールスパイスで、クミンシードやカルダモン、マスタードシードなどが代表とされる。ホールスパイスを加える上でのポイントは、火の通りにくいものから順に加えていく、ということ。たとえばクミンシードとマスタードシードを併用する場合は、まず堅いマスタードシードのほうから入れ、ハゼが終わったら火を弱めてクミンシードを入れる。

そこにたとえばホールガラム系のカルダモンやシナモン、クローブが入ってきたりすると、火加減やタイミングは変化する。これらのスパイスはもちろんクミンなどと比べて堅いということもあるが、油といっしょに入れてじっくり加熱していくタイプなのである。主に肉料理などに使われ、長時間煮込んで香りを移していく場合に使われる。

ホールスパイスは最後まで鍋の中

さてここで「ホールガラム」という用語が出てきた。これはミックススパイスを意味するガラムマサラの主要構成要素のことで、ガラムはヒンディー語で熱く香り立つ状態を意味し、マサラは粒や粉のスパイスを複雑に混ぜ合わせたものの総称である。

ホールガラム系のグループが長時間煮込む肉料理などに向いているとすれば、マスタードシードやクミンシード、ブラックペッパー、フェンネルシードといったグループは、油に入れた瞬間に香りが立つほど即効性があるため、短時間の調理に向いている。ホールガラム系が肉料理なら、こっちは魚介や野菜を使ったカレー向きといえようか。

基本のチキンカレー（P.151）の作り方の手順を示したもの。
P.49 からの GR①〜⑦に対応している。

5	6	7
水分	具 かくし味	仕上げの香り（各種スパイス）
↓	↓	↓
水	鶏肉	香菜

煮る

“香り”と“味”を交互に重ねていく

GRによる｛基本のカレー｝

素材

1	2	3	4
はじめの香り（油+ホールスパイス）	ベースの風味（フレッシュスパイス）	うま味	中心の香り（塩+パウダースパイス）
油 クミンシード	玉ネギ ニンニク ショウガ	トマト	ターメリック レッドチリ コリアンダー 塩

炒める

それに、クミンシード系のグループはそのまま食べられるが、ホールガラム系のものはふつうは食べない。基本的にホールスパイスは煮込み終わるまで鍋の中に入れておき、香りを持続させておく。特にマトンなどは煮込みに時間がかかるものだから、カルダモンなどが効果的なのだ。

で、必然的にカルダモンが入ったままのカレーを客に出してしまうことになる。それを囓《かじ》った客が怒り出し、あわてて平謝りしたというインド料理店オーナーも数多くいる。

ホールガラムを仕上がりに残さない方法については、あれこれと試行錯誤をしたことがある。香りは十分に必要だが、最後まで残っていては困るからだ。

ティーバッグに入れて煮込み、最後に取り出す方法。煮込みの段階はそれでいいが、炒める段階でスパイスが使えないことに不満が残る。ならば炒める段階までは鍋中で調理し、水を加えて煮込み始めるときにティーバッグに移し替える方法。なくはないが、鍋から一つ一つスパイスを取り出す手間を考えると気が遠くなる。

最初に熱した油でホールガラムを炒め、香りを十分に移してからスパイスだけを取り出すなら手間はかからない。取り出したスパイスは別鍋で水と煮込み、あとで加える。なかなかよさそうだ。だが、玉ネギやトマトを炒めている間にも鍋の中にホールガラムがいてほしいとも思う。

すべての調理が終わった段階で、具を取り除き、鍋中のスープを漉《こ》して具を戻すという方法も考えた。これが最もよさそうだが、スープのテクスチャーはワンパターンになってしまう。やはりホールスパイスは最後まで鍋の中にいてほしいのだ。

油に香りを次々とのせていく

クミンシードはしばしばスタータースパイスとして使われるが、なぜクミンが多く使われるかというと、カレーらしい香りを素早く出してくれるからだ。ニンニクとオリーブ油があればたちまちイタリア料理っぽくなってしまうのと同じように、クミンシードを使うといろいろな素材が瞬時にインド料理っぽくなってしまう。カレーには重要な役割を果たすスパイスなのである。

私はあまたのスパイスカレーの中から、ある種の法則性を見出し、それを「ゴールデンルール」と名づけたわけだが、それはあくまで最大公約数的な法則であって、例外はもちろんある。たとえばクミンシードはスタータースパイスの代表で、通常は玉ネギを炒める前に使われるが、玉ネギを炒めたあとにクミンシードを入れるというシェフもいる。クミンを焦がしたくないのだ。このやり方だとたしかに100%焦げることはない。しかし香りも立ちにくいという欠点がある。

クミンシードの場合は、結果的に真っ黒になってしまうことが多い。私もそうなることが多いが、要は焦げくさくなければいい、と私は思っている。それはマスタードシードやほかのホールスパイスにもいえることで、黒くなっても焦げ臭がしなけ

油にホールスパイスの香りを移す。ここで生まれた香りは、カレーが仕上がるまで鍋中全体をゆるやかに支配し続ける重要なエッセンスとなる。

ればいい。その極意は、と聞かれても困る。経験を積めば、感覚的にそのタイミングとニュアンスがわかってくる。

GR①の工程の狙いはスパイスの香りを油に移すことにある。つまりGR①〜④までの「炒めのプロセス」は、油と香りを融合させていくところに最大の目的がある。

まずホールスパイスの香りをのせ、次いで玉ネギやニンニク、ショウガの香りをのせ、さらにパウダースパイスの香りを上乗せしていく。

香り油など要らない

インド料理に油はつきもので、油がなくては何も始まらないが、それほど重要な油であっても、いわゆる「香り油」というものがない。「炒めのプロセス」は、スパイスなりハーブを使ってせっせと香り油を作っている、ということもできる。ならばあらかじめ、その手の香り油を用意しておけばいいのに、と私たちは思うが、インドの人たちはそう思わない。

中国にはラー油やネギ油、粒の山椒を使った花椒油というのがある。また鶏の脂身を茹でた鶏油というものもある。ネギと至極相性がいいので、とろみ煮に使ったり、スープに少量加えたりする。

イタリアやフランスにも似たようなものがある。イタリアではオリーブ油にローズマリーやフェンネル、ローリエの葉などを漬けておくのは当たり前だが、インドにはそれがない。たぶん品のいいそこはかとない香りよりも、強烈で刺激性の高い香りを求めているからだろう。それに、カレーは比較的短時間で作れるものなので、わざわざ香り油を作り置きしておく必要がないのだろう。

さらっとさせたいならホール、とろっとさせたいならパウダー

スターターにホールではなくパウダースパイスを使ってはいけないのか、という疑問をもつ人もいるかもしれない。

ホールスパイスは香りが持続するから調理のはじめに使う。パウダースパイスは香りがきついから、途中に入れて香りを立たせたほうがいい。これが基本的な考え方だ。

クミンシードはカルダモンやクローブなどと比べれば、比較的香りが立ちやすい。ならばクミンパウダーをスターターに使っても差し支えないではないか、と問われたら、それは違うと答えたい。スパイスは火の通りにくいものから、火の通りやすいものへと順番に加えていくほうが、焦げにくく、香りも十分に立ちやすいという原則があるからである。

要は、素材（スパイスを含む）の形状と加熱の具合などによって最適なタイミングを考慮するべきなのだが、この点については、あとの「システムカレー学」で言及する。

私は時々料理教室でカレー作りを教えることがあるが、生徒に向かっていつもこう言う。

「きょうのカレーはこんな感じにしたい、というイメージをまず頭の中で思い描いてください」

できあがったカレーがイメージどおりのものだったら、これほど嬉しいことはあるまい。イメージどおりにいかなかったら、何が原因なのかを振り返って考える。これをするかしないかで上達の度合いは格段に違ってくる。カレー作りには絵の具のパレットで遊ぶような楽しみがある。どんな色合いにするか、またどんな香りにするか、辛さはどのくらいか――すべてがシステマティックに計算できる。

たとえばホールスパイスを多めにし、パウダースパイスを少なめにすれば、全体にさっぱりした、柔らかめのスープみたいなカレーになるが、逆にホールスパイスを少なめにし、パウダースパイスを多めに使えば、濃度のあるドロッとしたポタージュのようなカレーができあがる。

それはスパイスだけに限らない。玉ネギの切り方一つによっても変わってくるし、ニンニクとショウガをみじんに切るかペーストにするかによっても変わってくる。またトマトも生にするか缶詰を使うか、トマトピューレを使うかによっても違ってくる。火を入れるタイミングというのもある。それらの要素を一つ一つ計算しながら、イメージどおりのカレーに近づけていくのである。

カレーはシステマティックな数学であり科学でもある。素材を変数に見立て計算しながら作る。それが水野流のカレーだ。

Chapter
2-3

GR② 玉ネギの切り方と効果

ＧＲ①で油にホールスパイスの香りを移したら、次のＧＲ②のステップでは玉ネギ、ニンニク、ショウガを炒める。カレー作りの中で、玉ネギ炒めは殊のほか重要視されている。現にカレー専門店のシェフたちの多くは「玉ネギ炒めこそカレーの生命線だ」と言ってはばからない。

もっともインドには玉ネギなしのカレーもあって、一部の宗教に至っては、殺生をしてはならないという理由で玉ネギやニンニクなどの根菜類はいっさい使わない。日本でも禅寺に行くと、山門の戒壇石に「不許葷酒入山門」と刻まれている。「葷《くん》酒《しゅ》山門に入るを許さず」、すなわちニンニクやニラ、ネギといった匂いの強い野菜や生ぐさい肉、魚、そして酒は寺に持ち込んではならぬ、という厳しい戒めだ。これらは心を乱すものだから、修行の妨げになるというのである。

宗教と玉ネギの関係はひとまず措いておく。心の修行より包丁修業のほうを優先させることにしよう。ＧＲ②のメインは玉ネギ。ここで炒めることによって、ベースの味が作られる。玉ネギがカレーの生命線であることは事実なのだ。

日本では淡路産が一番だが……

日本でいざカレーを作るとなると、玉ネギ炒めが最大の関門になる。どういうわけか《玉ネギはあめ色になるまでじっくり炒めなくてはならない》とする戒律、ではない掟みたいなものが厳としてあって、本格的カレー作りに二の足を踏ませている。

あるとき、カレー教室の生徒さんからこんな質問が投げかけられた。

「あめ色って、どんな色ですか？　そのあめのモデルは何ですか？」

インターネット上であめ色を検索し、画像で見るとそれこそさまざまで、黒あめのような色があれば、明るい黄のキツネ色や茶色いタヌキ色もある。そしてあめの正体もカラメルに始まって、べっこうあめ、水あめ、ザラメといっこうにハッキリしない。

ではインド人たちも玉ネギ炒めで頭を悩ませているのかというと、むろんそんなことはない。あめ色にしなくてはいけないというオブセッション（強迫観念）など最初からなく、ＴＰＯに応じて切り方や炒め方を変えている。炒めるだけではなくフライドオニオンを使うレシピもある。

ここでフライドオニオンという調理テクニックが出てきた。主にパンジャブ地方のシェフやインド北部のムスリムがよくやる手なのだが、薄くスライスした玉ネギをこんがり素揚げする。それをヨーグルトなどといっしょにミキサーにかけ、ペースト状にしたものを肉入りカレーに加えて煮込むのだ。香ばしさが抜群で、油のもつリッチなうま味も加わって実にうまい。チキンやマトンカレーにはぴったりなのである。いずれにしろたいていの場合、カレーに玉ネギは不可欠で、そのさまざまな切り方や炒め方を学んでおく必要があるだろう。

ひと口に玉ネギといってもいろいろある。日本では淡路産の玉ネギが一番とされ、６～９月の夏が出盛りとなる。もみじという品種で、カレーで有名な「新宿中村屋」では多いときで年間５０００トンの淡路産玉ネギを消費するという。

「中村屋が消費量を減らしてくれれば、全国のカレー店の味のレベルがぐんと上がるんだけどね」

カレー専門店のシェフの間ではそんな冗談も交わされている。淡路産や北海道産の黄玉ネギが最高とされる日本だが、逆にインド人シェフたちには今一つ評判がよろしくない。水分が多すぎるのだ。インドで玉ネギといえばほとんど小ぶりの赤玉ネギ（紫玉ネギ）で、水分が少なく味が凝縮されている。日本の玉ネギだと10分炒めるところを、インドの玉ネギだと５～６分で済んでしまう。

カレーの場合、水分を飛ばしてなんぼの世界だから、効率のいいほうがありがたいのだ。で、驚くことには、このうす紫色の玉ネギをインド人がよく生で齧《かじ》っている。暑さ対策なのだろうか、ポケットに入れて持ち歩く人もいるという。

脱水が玉ネギ加熱時の最大のポイント

水っぽい玉ネギをきらうのは、インド人の狙う香ばしさが出ないからだろう。彼らは玉ネギをスパイスの一つとして位置づけ、炒めるというより、たっぷりの油で揚げるように炒め煮する。求められるのは香ばしさやスパイシーな香りだ。どちらかというと香りが優先されるのである。一方、日本では玉ネギ炒めに甘味やうま味が求められる。欧風カレーとスパイスカレーの違いもあるのだろうか、欧風カレーが主の日本では、淡路産の玉ネギが一番、北海道産が二番といった具合になる。

インド人には水っぽい玉ネギがきらわれるとなると、当然ながら新玉ネギも敬遠されることになる。いや、日本のインド料理店でも事情は同じだろう。水分の多い新玉ネギは、炒めるのに時間がかかるので、料理人泣かせなのである。家庭料理のレベルなら問題はないが、一度に10キロ以上の玉ネギを大きな寸《ずん》胴《どう》鍋に入れて炒めるとなると、その労力は半端ではない。それに味が弱いというのもマイナス要因か。ことカレーに関しては、玉ネギは老《ひ》ねのほうがよろしいようなのだ。

さて、何かとややこしい〃あめ色論争〃は第3章にゆずるとして、ここではもっぱら切り方について学習する。「たかが玉ネギじゃないか、どう切ったって同じだろう」という感覚では、カレー作りの楽しみが半減してしまう。同じどころか、切り方によってずいぶん味わいが違ってくるのだ。

❶

❷

❸

❹

❶玉ネギを加えて炒める。最初のうちは強火で水分を出す。あまり鍋中をかき混ぜず、なるべく放置して鍋底に当たる下火を玉ネギに当てることで、加熱を促進させる。
❷途中から中火に落とし、鍋中を少し忙しくかき混ぜながら、玉ネギ全体にムラなく熱を行き届かせる。こんがりとキツネ色に色づくころには、香ばしい香りも漂う。
❸すりおろしたニンニクとショウガを加えるのは玉ネギを炒めたあと。炒め玉ネギとまんべんなく混ぜ合わせるように手早くかき混ぜる。ニンニクとショウガの刺激的な香りが立ちのぼる。
❹必要に応じて少量の水を加えると、ニンニクとショウガが水に溶けて鍋全体に広がるため、炒めやすい。青くさい独特の香りが飛ぶまで炒める。

たとえば「北インドはみじん切り、南インドはスライス、東インドではペースト」がよく使われる。玉ネギのみじん切りというと、フレンチやイタリアンの修業を積んだ人なら、2ミリ×3ミリくらいの細かいみじんにしてしまうだろうが、それをやるかどうかは作りたいカレーの味によって変わってくる。弱火でじっくり、というのもフレンチのスタイルだが、まずそれらの固定観念をいったん捨てたほうがいい。

　スパイスカレーの場合、みじん切りといえばふつう粗みじんのことで、前出の新宿中村屋などは1センチ角くらいに切っているという。GR①のはじめの香りの項で、

「さらっとさせたいのならホール」

「とろっとさせたいのならパウダー」

　と述べたが、玉ネギの切り方にも同じような表現を当てはめることができる。すなわち、

「さらっとしたカレーならスライス」
「とろっとしたカレーならみじん切り」
という公式だ。これは繊維をどう切るかによっても変化する。黄金色に炒めたみじん切りの玉ネギはカレーソースに自然となじみ溶け込んで、ねっとりとした甘味やコクを演出するが、火をさらっと通しただけという繊維に平行に切ったスライスは、形がしっかり残っているだけに、具の一部として位置づけられることもある。

火をさっと通しただけの玉ネギでは甘味もうま味も出ず、あまりにもあっさりしすぎているのでは、と想像されるかもしれないが、玉ネギを別に香ばしいフライドオニオンにして、最後に鍋に混ぜ入れるというやり方もある。そうすることで別の風味をプラスさせていく、という工夫も凝らされている。

どんなカレーにするかというデザイン力

スライスには大きく2通りある。一つは繊維に平行に切る方法で、加熱時に火が通りやすく、できあがりにも玉ネギらしい舌ざわりが残る。もう一つは繊維に垂直に切る方法だ。この切り方だとソースに溶けてしまい、形は残りにくい。

また玉ネギをミキサーやおろし金でペースト状にしてしまう方法もある。加熱すると水分が出やすいので、しっかり火を通し脱水する。この方法で作ったカレーは、さらさらした舌ざわりが残り、新感覚のカレーを彷彿させる。

このように玉ネギの切り方一つでも、できあがるカレーのスタイルが変わってくる。だから、「どんなカレーにしたいのか」というイメージがまず最初になくてはならない。肝心なのはどんなカレーを作るかというデザイン力であり、そこに到達するまでの計算力なのだ。

さて、玉ネギといっしょに炒めるニンニクとショウガを忘れてはいけない。水野流「四種の神器」で、私はかくし味の一つにニンニクを選んだが、ニンニクとショウガのないカレーもまた画竜点睛を欠く代物というべきかもしれない。

ニンニクとショウガをみじん切りにして炒める場合は、まずニンニクとショウガを炒め、十分に香りが立ったら玉ネギを入れて炒めるのが基本的なパターン。すりおろしの場合は玉ネギを炒めたあとから投入する。

インド料理店では、このジンジャー&ガーリックを「G&Gジュース」あるいは「G&Gペースト」と呼び、大量に作ってキッチンに置いてある。どういうものかというと、同量のニンニクとショウガをミキサーに入れ、水と油を少し加えて攪拌《かくはん》したものだ。このジュースの利点は鍋中全体にまんべんなく広がり、火が均等に入るところだろうか。

玉ネギはポロポロした状態でこんがりとしてくるが、G&Gジュースを使うと、ねっとりとした深い色の濃厚な味になる。水の役割はとても重要なのだ。

Chapter 2-4 GR③ トマトのうま味

トマトの持ち味って何だろう。まずカレーに酸味を加えるというのが一つある。ただし酸っぱさだけではない。甘味やうま味も加えるのがこのトマトだ。

トマトは南米アンデスが原産で、インドに入ってきたのは19世紀とされているが、今やインド料理に欠かすことのできない食材となっている。

インドのトマトは全体に小ぶりで、日本のトマト（桃太郎など）と比べると風味が強い。日本のトマトは主に生食用で、糖度が高いものほど上物とされるが、インドでは甘味よりむしろ風味や香りが重視される。

トマトがカレーの味を方向づける

玉ネギは甘みが強いので、酸味の効いたトマトと合わせることで、バランスがよくより深い味わいになる。インドのスパイスカレーは、いわゆるうま味を演出するだしやブイヨンを使わない。肉のカレーは肉自体のうま味でそれをいくぶん補うことができようが、野菜カレーとなったら、どうしてもうま味成分を演出する要素に欠けてしまう。そこでひと役買うのがトマトのうま味なのだ。

カレーのベースをインドでは「マサラ」とか「マサーラー」などと呼ぶが、マサラにトマトは欠かせない。スパイシーなトマトソース状のマサラに肉や魚、そして水を加えることでインド流のカレーができあがる。玉ネギと並んでトマトはマサラのよし悪しを左右する大事な要素といえる。

さて実際にカレーを作る場合、どの〝トマト〟を使うのか、という問題がある。選択肢は大きく分けて5つある。

A　フレッシュトマト……夏から秋にかけての食べごろはおいしい。だが旬をすぎると味わいは落ちる。粗く刻んで加え、木べらでつぶすようにして炒め、水分を飛ばしていく。

B　ホールトマト（缶詰）……カレー作りには適している。イタリア産の品種、サンマルツァーノなどが使われていて、カットトマトより味が濃いという意見もある。

C　カットトマト（缶詰）……一つ一つの形状が小さいため、水分が飛びやすく、使い勝手はとてもいい。

D　トマトピューレ……トマトを煮つめて濃縮したもの。原材料はトマト100％のものがお奨め。濃度が高く、味がなじみやすいので、炒める時間は少なくていい。大さじ2～3杯がフレッシュトマト2個分に相当。値段が高いのが難点か。
E　トマトケチャップ……トマトのほかに砂糖類、酢、食塩、野菜などが入っている。濃厚な味つけをしたいときに使うといい。

旬であれば、生のトマトを湯がいてミキサーにかけ、ペーストにしたものをベースに使う――総合的に考えて私はこれがベストの使い方だと思うが、年間を通して安定的な味を確保するとなると、ややむずかしい面もある。

トマトの代わりにプレーンヨーグルトを使う場合もある。酸味の効いたミルキーなカレーを作りたいときがそれだ。ポイントは炒めすぎないこと。時間をかけず、早めにパウダースパイスの工程に移ったほうがいい。玉ネギのプロセスだけでなく、トマトのプロセスにおいても〝加熱と脱水〟が最大のポイント。いかに手際よく水分を飛ばすか。成否の分かれ目はそこにある。

また、このプロセスの狙いは、「カレーの味を方向づけ、うま味を加える」ことだから、トマト以外の濃い味、深い味をもった素材を加えることで、トマト以外のバリエーションを生み出すことができる。

ただし、加える素材によってはこのあとに加える塩の量を調整する必要もあるので気をつけたい。

❶

❷

❶トマトを加えて炒める。木べらで鍋底をこまめに叩くようにしてトマトをつぶし、できるだけ水分を出す。加熱が促進され、味わいが濃厚になる。
❷トマトの形が完全につぶれ、炒め玉ネギとよくなじむまで炒める。炒め終わりのポイントは、木べらで鍋底をこすって玉ネギやトマトが戻らない程度。

Chapter 2-5

GR④中心の香り

スパイスの役割は3つある。まず色をつけること。ターメリックの黄、レッドチリの赤。次にレッドチリ、ブラックペッパー、マスタードを加えることで得られる辛味。そして香りのスパイスはクミンやコリアンダーなどが代表だ。

日本のカレーはカレー粉を使う前提があるためか、〝カレー色〟をしているケースが多いが、スパイスからカレーを作る場合、パウダースパイスのチョイスの仕方によって、白いカレーや黄色いカレー、オレンジ、赤、茶、こげ茶とさまざまなグラデーションでカレーを仕上げることができる。

コリアンダーは調整役

パウダースパイスの中で使用頻度が高いものといったら、

A　ターメリック
B　レッドチリ
C　コリアンダー（またはクミン）

となるだろう。極端な話、これら4種があれば、どんなカレーでもできそうな気がする。

たとえばオーソドックスな配合例はこんな感じである。

ターメリック1：
レッドチリ1～2：
コリアンダー（クミン）5～6

コリアンダーかクミンを少し多めに入れるのがコツで、香りがまとまるというか、全体にバランスがとれてくる。スパイスの中で何が一番好きですか、と聞かれたら、私は真っ先にコリアンダーと答えるだろう。とろみがつく上に、ソースともよくなじむ。コリアンダーには何かと世話になっていて、今までもずいぶん助けられてきた。〝調和のスパイス〟と呼ばれるゆえんなのである。

よくスパイスカレーを〝煮込み料理〟と勘違いしている人がいるが、正確にいうと煮込みではなく〝炒め煮〟だ。煮る前に炒めるという手順を必ず踏まなくてはならない。肝心なのは「脱水」で、食材に含まれる水分を飛ばしながら、うま味や香りを引き立てていく。特にパウダースパイスは油で炒めることで香りが立ってくる。

水で溶いておく方法も

スパイスは油となじませることが大事だ。弱火〜中火で炒めれば香りが立つ。焦げてしまうからと、すぐに水やブイヨンを入れてしまう人がいるが、少なくとも30秒〜1分くらいはがまんして炒めてほしい。

投入する順番は特にこだわらなくていい。個人的にはまずターメリックを入れてしまうが、これは粉っぽいイメージがあるためで、つい油がたっぷりある状態で加えたくなってしまう。

パウダースパイスを焦げつかせない方法はあるか、と聞かれれば「ある」と答えよう。たとえばパウダースパイスを水で溶いてから使う方法がある。焦げつきを防止し、スパイスを鍋中全体にムラなく行き渡らせるためである。

前にもふれたが、日本そば屋さんでカレー南蛮そばやうどんを作るときの手法がこれに近い。だしの中に小麦粉と片栗粉、カレー粉をあらかじめ溶いておいて、それを鍋に流し込む。ニンニクとショウガをペースト状にしておくG&Gジュースと、基本的には同じやり方だ。

私は最初、スパイスを水で溶いてしまったら、精油成分が封じ込められ香りが立つまい、と否定的に考えていたが、よく見るとパウダースパイスをしっかりと乾煎りしている。そこで十分に香りを立たせているのだ。また、この手法を用いる場合は、水分が飛んで最終的に鍋中に残されたパウダースパイスが熱い油と融合するポイントまで火を入れることが大前提となる。では、どれくらいの量の水を使ったらいいのか。シャバシャバではなく、ねっとりする程度がいい。

❶

❷

❶パウダースパイスと塩を加えて炒める。パウダースパイスは丁寧に炒めるなら1種類ずつかき混ぜる。焦げないよう注意しつつ、しっかり炒めて香りを立てる。
❷炒め玉ネギやトマトのベースの表面にうっすらと浮いている油に、パウダースパイスが融合する。粉っぽさが消え、全体がねっとりとしたペーストになればOK。

カレーの正体を決定づけるスパイス ベスト5

色

ターメリック

ショウガ科ウコン属の多年草。日本のカレー粉の主原料で、インド料理でも最も頻繁に使用されるスパイス。使用量を増やしすぎると苦味が出てしまう。

色・辛味・香り

レッドチリ

中南米原産でナス科トウガラシ属。赤く熟した唐辛子の実を乾燥させて粉末にしたもので、カイエンペッパーと総称される場合もある。品種によって辛さに差がある。独特の香りも魅力。

香り

クミン

セリ科の１年草。カレーには種子の部分を乾燥させたクミンシードとそれを粉にしたクミンパウダーが使われる。単体でカレーの香りを決定づけるという点で最も影響力のあるスパイス。

香り

コリアンダー

セリ科の１年草。種子であるコリアンダーシードを乾燥させて粉末にしたもの。爽やかな香りに特徴があり、複数のスパイスをブレンドしたときに全体の調和をとる役割ももつ。カレーを作る上では欠かせない。

香り

ガラムマサラ

インド料理で使用されるミックススパイスで、日本でもカレーを本格的な香りにするアイテムとして有名。ヒンディー語でガラムは「熱い」、マサラは「混合物」の意味。無数の配合例があるが、その一部を下記に紹介する。

ガラムマサラ配合例

		ガラムマサラ❶	ガラムマサラ❷	ガラムマサラ❸	ガラムマサラ❹	ガラムマサラ❺	ガラムマサラ❻	ガラムマサラ❼	ガラムマサラ❽	ガラムマサラ❾	ガラムマサラ❿	ガラムマサラ⓫	ガラムマサラ⓬	ガラムマサラ⓭	ガラムマサラ⓮	ガラムマサラ⓯	ガラムマサラ⓰	ガラムマサラ⓱	ガラムマサラ⓲	ガラムマサラ⓳	ガラムマサラ⓴	登場頻度
1	ブラックペッパー	●	●	●	●	●	●	●	●	●	●	●	●	●	●	●	●	●	●	●	●	20
2	シナモン	●	●	●	●	●	●	●	●	●	●	●	●		●	●	●	●	●	●	●	19
3	クローブ	●	●	●	●	●	●	●	●	●	●	●	●		●	●	●	●	●	●	●	19
4	グリーンカルダモン	●	●	●	●	●	●	●	●		●		●	●	●		●	●	●		●	16
5	クミンシード	●	●	●	●	●	●		●	●	●	●	●	●	●			●	●			15
6	ビッグカルダモン	●	●	●	●	●	●		●		●	●	●	●		●				●	●	14
7	コリアンダーシード	●	●	●		●	●		●	●	●	●		●		●			●			12
8	ベイリーフ	●	●	●	●	●	●		●			●	●			●						10
9	ナツメグ	●	●	●	●	●	●	●	●						●							9
10	メース	●	●	●	●	●		●	●													7
11	ニジェラ	●	●		●		●	●									●			●		7
12	ジンジャー	●	●		●	●		●						●								6
13	フェンネルシード	●	●	●				●														4
14	ドライローズ	●	●	●																		3
15	サフラン				●			●									●					3
16	スターアニス			●														●				2
17	レッドチリ									●												1
18	フェヌグリーク									●												1
19	マスタードシード									●												1
20	カレーリーフ									●												1
		14	14	13	12	11	10	10	10	9	7	7	7	6	6	6	6	6	6	5	5	

ガラムマサラ配合の参考文献は、P.160 参照。

Chapter 2-6

GR⑤水&ブイヨン

GR④のパウダースパイスと塩を入れるまでが、いわば基礎工事。ここから多様なカレーへと変じていくわけだから、GR④までできたものを私はしばしば「カレーの素」などと呼んでいる。インドではこのカレーの素をマサラなどと呼ぶ。カレーの素を作る際のポイントは、水分をきっちり飛ばすこと。何かを加えたら加熱して脱水し、そしてまた何かを加えたら加熱して脱水する――GR④までの工程はその繰り返しだ。

水の代わりにブイヨンを使う

GR④の次はGR⑤の「水分を加える」という工程だ。水分だから水でもいいし湯でもいい。水を加えたらひと煮立ちさせるのがポイント。カレーの素と水とをなじませるためだ。たとえば水を2カップ入れる場合、1カップを入れてひと煮立ちさせ、残りの1カップを加えてまたひと煮立ちさせる。水は半量ずつ加えたほうがよくなじむ。

ならばいっそのこと湯にすれば？　そう、私もどちらかというと水より湯を奨めたい。水は鍋に入れた瞬間、温度が下がって〝シュン〟となってしまう。調理の連続性が一瞬途切れてしまう感じがするのだ。いずれにしても、水や湯は多めに入れすぎないように気をつけたい。薄い味になったら煮つめていくしかないので、余計手間がかかってしまう。

さて前章で、インドのカレーはブイヨンやだしなどを使わず水がメインなので、やや〝うま味〟が足りないという話をした。そもそも「だしの文化」が存在しないとも言った。水だけだと肉や魚の素材のもつうま味しかないため、物足りなさが残るのはたしかだろう。

ただし、インドカレーの名誉のために少しばかり弁じさせてもらうと、いわゆるだしやブイヨンといったものは用いないが、それに準ずるものはあれこれ使っている。たとえば、カシューナッツなどのナッツ類をヨーグルトや生クリームといっしょに混ぜてペースト状にしたり、トマトベースのマサラに生クリームを入れたりするのがそれだ。だしのうま味ではないが、別様の補完的なうま味やコクは加わっている。だしやブイヨンの文化だけが秀でているわけではない。おいしさの方程式は尋常一様ではないのである。

とはいえ、日本人はだしのうま味が大好きだ。うま味の強いカレーをめざすなら、やはりブイヨンやフォンドボー、和風だしを水の代わりに使うのがオーソドックスなやり方だろう。これだけでカレーの味が一気にグレードアップする。

ブイヨンの作り方は簡単だ。用意するものは鶏ガラに牛すね肉、玉ネギにニンジン、ニンニク、そしてブーケガルニ（パセリ、タイム、ローリエなど）と呼ばれる香味野菜だ。これらすべてを鍋に入れ、水を加えて弱火でコトコト煮る。3時間ほど煮出し、火からおろして漉し器で漉す。密閉容器に入れ、冷凍庫に保存すれば2か月くらいは十分もつ。詳細は１５０頁に紹介するので参考にしてほしい。

ココナッツミルクでトロピカルな味に

インドやタイではココナッツミルクを使う方法がある。ココナッツミルクというとタイカレーを代表とする東南アジアのカレーをつい想像してしまうが、南インドのケララ州などでもよく使われる。

ココナッツミルクには大きくパウダー状になったものと液状の缶詰がある。しかし保存性とか分量の調整という面では粉末に軍配が上がるような気がする。

缶詰は４００㎖とたっぷりあるため、往々にして余ってしまう。残りものを冷蔵保存しても傷みやすいので、大量のカレーを作るとき以外はどうしてもお荷物になりやすいのだ。その点、パウダー状のものは1袋60グラムのパックもあるので使い勝手はとてもいい。

どうやって使うかというと、仕上げに回しかける方法もあるが、煮込み用に湯で溶いて使う。ただし最初は濃度や好みがわからないので、湯との同割から始めるといい。何回か作っているうちに自分の好みの分量がわかってくるはずだ。

水とココナッツミルクだけでは物足りなければ、ココナッツミルクに生のカシューナッツを加え、いっしょにミキシングしたものを加えると、ほどよくとろみがつき味がクリーミーになる。タマリンドジュースや豆の煮汁を加えて味に深みを出す方法もある。また牛乳や生クリームなどの乳製品やワインなどのアルコール類で煮るという手もあるから、このＧＲ⑤のプロセスは意外に多彩だ。

水を加えて煮込む。水は全量を一気に注ぐのではなく、2～3回に分けてその都度煮立てたほうがよくなじむ。水よりも湯を使ったほうが鍋中を冷ますことなく調理できていい。

Chapter

2-7

GR⑥ 具を煮込む

カレーにおける最大の調味料である塩は、ＧＲ④の段階でパウダースパイスといっしょに入れられている。で、ＧＲ⑤で水分が加えられ、ここではじめて味見をする。そして狙った味に近いかどうかを判断する。しかしそれはＧＲ⑥でどんな素材を加えるかによっても微妙に変わってくる。味の濃厚そうな素材だったら塩を控えるだろうし、逆に淡泊そうだったらやや強めにふっておく、といった具合だ。

煮込めば煮込むほどおいしくなるという迷信

日本のごく一般的なルゥカレーの作り方には《厚手のなべにサラダ油を熱し、一口大に切った肉、野菜をよくいためます》（ハウスバーモントカレーの作り方参照）とあるように、肉や野菜はいったんソテーして表面を焼き固めるという工程が入る。それを半ば〝世界の常識〟と信じていたものだから、水洗いした生肉を直に投入するというインドの現実を目の当たりにすると、少なからぬカルチャーショックを受けてしまう。

ここに一つの迷信がある。それは主に肉素材に対して囁《ささや》かれているものだが、「煮込めば煮込むほどおいしくなる」という迷信だ。たしかに長時間煮込めば、肉は柔らかくなり、素材のうま味が抽出され、だしも出る。水と油が溶け合う「乳化」の過程で味に奥行きも出る。煮込みの効果は計り知れないのだ。が、だからといって、煮込めば煮込むほどおいしくなる、というのは間違いだ。

柔らかくなるまで煮るには、牛肉であれば、部位にもよるが2時間近くかかる。その分、肉がうまくなるかというと、滋養分がすべて染み出してパサパサになってしまうというのが現実だ。肉のうま味がすべてスープのほうに出ていってしまうのだ。

よく「ひと晩置いたカレーはおいしい」というが、スープの中に逃げ出したうま味が常温になることで、もう一度肉に戻ってくるためおいしく感じるのではないか。だから、ほんとうにおいしく食べたいのなら、いったん常温まで冷やし、肉の中にうま味を戻してから再加熱したほうがいい。

そんな手間のかかるやり方は願い下げ、という人はメインの具材を別鍋でソテーするという方法をお奨めする。肉なら肉を強火で炒め、食べたときに脂がじわりと染み出る程度まで加熱する。それを煮込んだ鍋に加え、混ぜ合わせたらすぐに器に盛って食べる。肉は煮込まずに別鍋でソテーし、カレーと合わせる――この方法ならジューシーな肉のおいしさを十二分に堪能できるだろう。

もっと肉を柔らかくしたいというのなら、ソテーして焼き色をつけた肉にカレー粉をまぶしてから煮込むという方法もある。牛肉の半分の煮込み時間で済む豚肉ブロックなどに向いていて、長時間の煮込みでもカレー粉のコーティングがうま味成分の流出を多少とも防いでくれる。

具（鶏肉）を加えて煮る。生の肉を加えることで煮立っていた鍋中の温度が一度下がるため、加えたら再び煮立てるのがポイント。肉は加える前にリソレしたほうがベター。

「混ぜる文化」と「混ぜない文化」

魚介の場合は、火を通しすぎると身が堅くしまってしまう。それに磯くささがソース全体に広まるという弊害もある。そのためカレーソースが煮立ったところに入れ、さっと火を通す程度で仕上げるのがコツだ。ものによっては、あらかじめソテーしておいしさを多少でも閉じ込め、最後にカレーソースとさっと合わせるという方法もある。要は肉にしろ魚にしろ、素材の中に味をしっかり残すというところにポイントがある。

札幌生まれのスープカレーなどもそうだが、日本のカレーにはブイヤベースみたいにいろいろな素材が入っている。牛肉や鶏肉があれば、ジャガイモ、ニンジン、カボチャ、ピーマン、オクラと何でも入っている。いわば五目ご飯やごった煮的な発想だ。

一方インドは基本的には単品主義で、チキンカレーならチキンしか入れない。その単品のカレーを数品目並べ、手指で混ぜながらライスといっしょに食べるのだ。だから単品主義であっても複数品目を混ぜながら食べるという「混ぜる文化」に属している。韓国のビビンバと同じである。日本は逆にライスとカレーを混ぜることなく、そのまますくって食べる。伝統的に「混ぜない文化」が主流で、複数の風味が混ざり合い、それを賞味するという食の楽しみ方はまだまだ未開拓なのだ。

Chapter 2-8

GR⑦ 仕上げの香り

ルゥカレーの場合は具を煮込みルゥを割り入れ、とろみがついたら完成だが、スパイスカレーの場合はそれだけでは終わらない。仕上げのGR⑦の段階でかくし香り的にいろいろな手を加えるのだ。目的は香りを立て、全体のバランスをとり、狙いどおりの味にすることだ。

カレーを作るときは頭の中にあらかじめ設計図があって、その設計どおりに味を組み立てていくのが望ましい。ルゥを使う欧風カレーはかくし味に注目が集まることはあっても〝かくし香り〟ともいえる仕上げの香りを加える感覚に乏しい。最後の最後まで香りにこだわるのであれば、狙った味にたどり着くまではあの手この手の追求をやめない。その〝あの手この手〟について、ここでは少しふれてみる。

香りをバージョンアップする

仕上げにバターをドボンと入れたら、でき損ないのカレーが見違えるような味に変化することがある。実際、仕上げにコクが凝縮された乳製品を加えるという手は有効で、バター以外にも生クリームやヨーグルト、牛乳、クリームチーズなどがお役立ちアイテムに挙げられる。加えすぎると味がしつこくなるので適量が肝心だが、即効性の点ではかなり有効だ。

トマトケチャップや粉チーズなども、日本ではバカ受けする。コクとうま味が瞬時に加わるからである。

以上は主にコクやうま味を加えてバージョンアップする方法だが、GR⑦のポイントは、どちらかというと香りをバージョンアップする点にある。以下に記すのがそれだ。

A　ガラムマサラやクミンなど粉状のスパイスをパラリとふりかける。

B　フレッシュな野菜やハーブを刻んで混ぜ合わせる。

C　テンパリングしたスパイスを油ごと加える。

ここで少しおさらいをするが、ゴールデンルールの①〜⑥までのプロセスでカレーの味はほぼ確定している。GR⑦抜きで完成させてもまったく問題はない。GR⑦のプロセスは、いうならば、香りのアクセントなのだ。

Ａにガラムマサラが出てきた。これはインドでよく使われるミックススパイスのことで、マサラ（カレーの素とは別物）と呼ばれる混合香辛料の中では最も代表的なものだ。使うスパイスは自家製の水野式でいうと、クミンシード、コリアンダーシード、シナモン、カルダモン、フェンネルシード、クローブ、ブラックペッパーなどで、すべてを乾煎りしたあと、ミルでパウダー状に挽く。

市販されているものはもちろんあるし、インドでは各家庭に〝おふくろの味〟的なガラムマサラがある。カレーだけでなく、さまざまな料理の香りづけに使われ、配合比率にも決まりはない（63頁参照）。その家々に代々伝わるレシピで、ほぼ1か月で使いきる量だけ作り、瓶に入れて保存する。ひと振りでカレーの風味を一気に高めてくれるスグレモノで、香りだけならカレー粉以上に魅力的な存在だが、ターメリックが使われていないために、色は茶色っぽい。

仕上げにフレッシュな香りを加えると、カレー全体の風味を印象づけられる。香菜は加えてすぐに火を止めればスッキリした風味がつき、しばらく煮れば深い風味になる。

私は市販のガラムマサラはあまり使わない。香りがやや強すぎて、ふりかけるとどんな料理も同じような香りになってしまうからだ。日本ではルゥカレーに個性を与えるため、もしくはカレーの香りの総仕上げといったふうに、最後に微量をパラリとかけるのが一般的だが、バランスを間違えるとおしなべて一本調子になってしまうところが欠点といえば欠点だろうか。

ガラムマサラは料理の途中に入れてもいい。少しばかり火を通しても、それはそれで香りの鋭角的部分が抑えられ、全体にバランスのとれた味になるからだ。ただし、何でも彼でもふりかければいいというものではない。相性のわるいものもある。そのことは経験を積んでいけば感じることだろう。

ニラもネギもみんなスパイスの仲間

次はＢのフレッシュな野菜やハーブを加えるという手法だ。火の通りやすい生のスパイスは料理の最後に加え、さっと混ぜ合わせる。刻んで混ぜるだけで香りが立つため、カレーに強い印象を残すことができる。

たとえばニラやアサツキなどをザク切りにしてカレーに混ぜ合わせる。あるいは香菜をどっさり入れ、サッとかき回して火を止める。ポイントは加熱時間をわずか数秒にとどめること。長く火を通すと肝心の香りが抜けてしまう。香菜は苦手という人は、逆に加熱時間を延ばすといい。クセが和らぎ、味が全体になじんでくる。

ここでニラやネギ類、香菜などの野菜を生のスパイスと称したが、ニンニクやショウガ、シソといった薬味も、ミントやタイム、バジルといったハーブも、すべてスパイスで括られる。要はイメージと用途の違いによって便宜的にカテゴリー分けされているだけで、どれもみなスパイスの仲間である。仕上げのスパイスに使われるものは、ほかにシシトウ、青唐辛子、ピーマンなどがある。少しばかりクセの強い野菜なら、ほとんどすべてが仕上げのスパイスに利用できると考えていいだろう。

さてCはテンパリングだ。この手法についてはすでにふれてあるが、「熱した油でスパイスを炒め、香りが立ったところでカレーの仕上げに加える方法」だ。ジュワッという音とともに食欲をそそる香りが立ちのぼる。

テンパリングという用語は主に製菓の世界でよく使われ、製菓用チョコレートを作業しやすい安定した状態にする温度調節作業を指す言葉だが、カレーの世界では仕上げに〝味や香りを調整する〟という意味で使われている。

仕上げのテンパリングに使われるのは主にホールスパイスで、マスタードシードやクミンシードなどが代表だ。カレーリーフや、まれにパウダースパイスが使われることもある。ホールスパイスといってもカルダモンやクローブ、シナモンといった、いわゆる〝ホールガラム系〟のスパイスは不向きだ。これらは肉料理などに最初から最後まで使われ、じわじわ香りを移していくタイプだ。〝クミン系〟の小粒なスパイスなら食べてもそれほど違和感はない。香りと同時に油のうま味も加わるから、頼りになるテクニックなのである。

テンパリングの発展型

仕上げのスパイスの加え方には別バージョンもある。

水野式のやり方はこうだ。まずガラムマサラに使うホールスパイスを油で炒め、香りが出たら水を加えてしばらく煮る。ほどよくエキスが出たところで火を止め、冷ます。粗熱が取れたらホールスパイスごとミキサーにかけ、ジュースにする。シノワで漉したらできあがりだ。

これは麴町の「アジャンタ」に伝わる方法を自分なりにアレンジしたものである。ちなみにアジャンタの創業者はジャヤ・ムールティ氏。南インドの出身で、アジャンタの料理はムールティ家に伝わる家庭料理がベースになっているから、インドに起源のある技術なのかもしれない。

アジャンタではこのスパイスを煎じた液体を、人気のマトンカレーなどに使っている。肉料理ならどんなものにも合うが、とりわけマトンカレーのようにクセの強いものに合うようだ。

どうせガラムマサラに使うスパイスで作るのなら、ガラムマサラを直接ふりかけたほうが楽ではないか、と思われるかもしれないが、スパイスは油で熱せられてエッセンシャルオイルが揮発する。ガラムマサラの粉をふりかければもちろんそれなりの香りは立つが、やはり限界はある。それに、ふりかけるだけだとソースになじみにくく、粉っぽさも残る。芳烈な香りとなると、どうしても見劣りがしてしまうのだ。

〝煎じマサラ〟と呼ばれる黒い液体

アジャンタが出たら「新宿中村屋」の〝煎じマサラ〟にふれないわけにはいかないだろう。煎じマサラとはテンパリングの発展型といえるもので、まさに究極の〝仕上げテク〟といえるもの。門外不出の秘伝と聞いているが、過去に取材させていただいた経緯からその概要がわかってきたので、ここにお披露目してみたい。

新宿中村屋といえば、本格的なインドカレーを日本で初めて紹介した店として知られ、そのカレー作りには一人のインド人の貢献があった。インド革命の志士ラス・ビハリ・ボース氏がその人で、氏は大正4（1915）年、日本に政治亡命している。このボース氏を庇護したのが中村屋の創業者だ。

この〝煎じマサラ〟と呼ばれる黒く濁った液体は、ボース氏が伝えた技術で、新宿中村屋のカレー人気を陰で支えている秘伝中の秘伝だ。口伝のため正確なレシピは残されていないのだが、後継者たちが85年の歳月を超え今に伝えている。

まずホールスパイスが7～8種類。顔ぶれはカルダモン、クローブ、シナモンといったガラムマサラのそれを思い浮かべてもらえればいい。

それらのスパイスは大きさや硬度や比熱（ある物質1グラムの温度を摂氏1度だけ高めるのに要する熱量）が違うので、1種類ずつ個別に乾煎りし、1か所にまとめる。

次に水と少しの油を加えコトコト煮出す。まさしく漢方の生薬を煎じて煮出すという感じで、1～2時間根気よく火にかける。水分が最初の半量くらいになったらザルで漉し、スパイスは捨てる。残ったのはとろりとした焦げ茶色の液体だ。ひと舐めするとホロ苦く、薬のような匂いがする。これが新宿中村屋のコア技術とされる〝煎じマサラ〟の正体だ。これをカレーに数滴垂らすだけで、清涼感のある香りに満たされるのだから、その威力は絶大だ。

仕上げの香りはスパイスだけではない。アルコールという手もある。

銀座の「資生堂パーラー」には、通称〝1万円カレー〟と呼ばれる豪華絢爛なカレーがある。伊勢エビとアワビのカレーで、わざわざ目の前のグリル付きワゴンの上で、伊勢エビとアワビをフランベしてくれるのだ。ブランデーはレミーマルタンのVSOPという高級酒である。われらが〝庶民派のカレー〟にもクセの強いアルコールなら応用できそうなので、ぜひ参考にしてもらいたい。

Chapter 2-9 ゴールデンルールの応用

カレー料理には常に「試行錯誤」という言葉がつきまとう。日曜に男性が腕によりをかけて作る料理の代表がカレーだし、人気カレー専門店のシェフを取材するとみな一様に「開店に際しては膨大な試行錯誤の末にこの味にたどり着いた」などと口にする。

試行錯誤には〝思考〟が不可欠だ。何をどう使ったらカレーがおいしくなるのかを考えるのである。相当な〝試行〟でも許容してくれるのがカレーの長所だから、考えて試す行為を果てしなく行っても、仕上がりのカレーはそこそこの味に落ち着いてくれる。これがカレー料理を楽しくさせてくれるポイントなのだが、即席カレーの存在が、この楽しみを攪乱《かくらん》させる。

思考を停止させる便利なカレールゥ

具となる素材を油で適度に炒め、水を注いで煮る。具が柔らかくなったらカレールゥをポトリ。あっという間にカレーは完成する。思考する必要も試行する必要もない。ところがわれわれ日本人は欲深く、今度はルゥで作るカレーに素材や手間を加え、もっとおいしいカレーができないかと試行錯誤するのである。

終わりのない挑戦を繰り返す過程でカレーの味は複雑さを極め、誰もたどり着けない自分だけの味になり、それゆえに奥深い味に仕上がったと満足感も高まるだろう。これがカレー専門店なら「秘伝の技」として、墓場まで持ち込むこととなる。

おいしいカレーにたどり着いた人は、ことあるごとにそのテクニックを伝家の宝刀のごとく振りかざすことになるわけだが、一方でその味に至る過程を振り返ることはあまりない。なぜこの味ができたのか、ほかに方法はないのか、別の形に応用できないか、などの検討は二の次になる。カレールゥは便利だ。どんなに不器用な人間だって、これさえあればカレーが作れる。カレールゥこそ日本のカレー文化を担ってきた真の功労者だ。しかし、ルゥには功罪相半ばするところもある。便利なあまり、誰もみな一様に思考を停止し、盲目になってしまったのだ。

この茶褐色のかたまりを鍋に入れるだけで、なぜカレーができるのか――そのことに誰も疑問を抱かない。また紙箱に表示された原材料名を誰も読み上げたりはしない。しかし試みに原材料名をざっと目で追ってみればわかるのだ。おとうさんがかくし味と称して自慢していたピーナッツバターやらチーズ、リンゴやバナナのペーストがすでにルゥの中に含まれていると。

私がゴールデンルールで示したかったのは、どういう仕組みでカレーができあがるかということだ。ほんとうはこういうルールがあって、それぞれのプロセスにアレンジを加えていった結果、カレーができあがる。アレンジに必要なものを全部一つに固めたものがルゥなのだ、ということがわかれば、カレーがどうしてカレーになるのかがよくわかる。

私はしばしばカレールゥのことを〃飛び道具〃と呼ぶ。鍋にドボンと入れれば、途中のプロセスを全部すっ飛ばして、一足飛びにカレーになってしまうからだ。ルゥは便利この上ない。が、便利すぎて人間を怠惰にし、創造性の発露さえをも奪ってしまう。ルゥのおかげで、カレーがどうしてカレーになるのかがわからない。生意気なようだが、ついそんなことを考えてしまうのである。

〃飛び道具〃を捨てた日には

私は一つ提案したい。ルゥの紙箱にある原材料のそれぞれを、私の考えた①〜⑦のゴールデンルールの各段階にいっぺん当てはめてみることを。もっと簡単なGRのミニ版にするなら、

【(素材＋だし)×スパイス＋かくし味＝カレー】

という公式に当てはめてもらってもいい。これは以前、拙著『カレーの法則』で紹介したものだが、これらのカテゴリーに腑分けすれば、いかに多くの材料が、どんな目的をもって選ばれているか、たちどころにわかるはずだ。

たとえばあるメーカーのカレールゥには、かくし味として砂糖、食塩、ピーナッツバター、チーズ、チャツネなどが該当した。だしとして、牛脂、豚脂、ぶどう糖、酵母エキス、チキンブイヨン、植物油脂、アミノ酸等の調味料が使われている。法則や方程式というのは自分の力で解いてみて初めて理解できる。考える過程を飛ばし、虎の巻で答えを知っても真の理解にはつながらない。便利なカレールゥは「飛び道具」でもあり「虎の巻」でもあるのだ。だからこの簡便さに安住している限り、いつまで経ってもカレーのルールはわからない。

しかしいったんカレーができる仕組みがわかってしまうと、山のてっぺんから遙かに裾野を見渡すように、カレーの全貌がくっきりと姿を現してくる。こうなると、理解は早い。どこにどんなアレンジを加えればどんな味になるか、おぼろげながら推測できるようになるからだ。

ここからはゴールデンルールのアレンジ編である。もちろん多少の例外はあるが、スパイスで作るカレーに関してはほとんどの場合このルールが通用する。欧風カレーやインドカレーはもちろんのこと、タイカレーに和風カレー。どんな種類のカレーもアレンジが可能だ。いよいよ中級レベルに突入するが、やはり基礎あっての応用。急がずに、ベーシックなチキンカレーが完璧にできるようになってから先に進んでもらいたい。

Chapter 2-9-A

インドカレー編

ゴールデンルールのアレンジ

さて、前述のゴールデンルールでは、カレーの仕組みを俯瞰して説明してきたが、特にカレーのルーツともいえる「インドカレー」を例に挙げて解説するケースが多かった。そのため、インドのスパイスカレーの全体像がおぼろげながらも見えてきたと思う。そこでここからは、ゴールデンルールに則ったアレンジの方法を紹介したい。

あめ色に炒めるだけが能ではない

インドカレーがほかのカレーと比べて特徴的なのは、香りが重層的であること。そのために重要となるプロセスはGR①である。油自体にさまざまな香りがあるほか、ホールスパイスの組み合わせをアレンジすれば、それだけでも無数の香りのバリエーションを作ることが可能だ。

たとえば、ベーシックなチキンカレーのできあがる仕組みが頭の中にインプットされているとする。で、GR②の玉ネギを炒める段階で玉ネギの切り方を変えてみることにする。細かいみじん切りだったのを粗みじんにしたり、繊維に沿ってスライスしたり、逆に繊維に垂直にスライスしたり、あるいはミキサーでニンニク、ショウガとともにペーストにしたり……。

それとも玉ネギを素揚げしてヨーグルトと合わせ、チキンを煮込んでもいい。トマトベースとはひと味違う深いコクと風味が醸し出される。いや私なら、さらにカシューナッツやアーモンドなどをペーストにして加え、もっと濃厚なテイストを楽しむかもしれない。

逆にもっとナチュラルな香りを楽しみたいというのなら、玉ネギ炒めと併せて香菜や、青唐辛子、シシトウの輪切りなどをいっしょに炒めるという方法もある。GR②のプロセスにきたら、何とかの一つ覚えみたいに、みじんに切った玉ネギをあめ色に炒めるだけが能ではないのだ。

GR③のトマトはどうか。日本では玉ネギを炒めたあとにはトマトを加えるというのが一種の〝決まりごと〟のようになっているが、先ほど述べたようにヨーグルトで代替したり、ココナッツミルクを使ってもいい。そのままトマトベースでいくにしても、そのトマトをフレッシュではなく、缶詰のホールトマトにしたりトマトピューレにすることでも、味が微妙に違ってくる。前にも言ったが、私は時間がないとき、よく横着をしてトマトピューレを利用する。濃度が高く、炒める時間も少なくて済み、味にしっとりなじむので何かと重宝なのだ。

裏のかくし味が〝表の味〟に

アレンジの余地が大いにあるといえば、GR⑤のプロセスだろう。インドでは基本は水だが、ここではチキンブイヨンやフォンドボー、和風だしに代替させてもいい。また、これは市販のものだが、「比内地鶏スープ」だとか「鍋つゆの素」などという便利な製品が売られている。これらのバリエーションは数限りなくあり、すべて試したわけではもちろんないが、私の感触では「けっこういける」のだ。御用とお急ぎでない方は、いろいろ実験してみてはいかがだろう。

またインドカレーはGR⑥の具のバリエーションが、とにかく多い。特に野菜類は豊富で旬の味わいを楽しみたい。

仕上げのGR⑦に関してはすでに詳しく述べた。テンパリングの話もした。究極の〝煎じマサラ〟の概要も披露した。どれもひとクセあり、やり始めると止まらなくなって、ついには一滴で世界を変える〝ハイパー煎じマサラ〟の誕生まで行き着いてしまうかもしれない。ゴールデンルールそのものはシンプルで、一見単純すぎるようだが、そのアレンジの幅ときたら、ほとんど無限級数的な広がりをもっている。

日本の煮物にはだしをベースにしょうゆ、砂糖、酒、みりん、塩などの調味料が使われる。インドの場合は塩が主役だが、ほかにも味の決め手となるかくし味がいっぱいある。というより、裏のかくし味が実際は〝表の味〟になっていて、インド流のコクやうま味を生んでいるのである。インドカレーは一筋縄ではいかない。

GR⑥のアレンジ。骨付きの鶏もも肉を皮面からリソレし、白ワインを注ぎ、鍋中のうま味をこそげる。

長めに煮込んで味わいを深める。仕上げに刺激的な香りを加える。

インドカレー（ゴールデンルールアレンジ・P.146）の
作り方の手順を示したもの。

5

水分

↓

チキンブイヨン
ココナッツ
ミルク

6

具
かくし味

↓

鶏肉
マンゴー
チャツネ

7

仕上げの
香り
（各種スパイス）

↓

テンパリング
紅花油
ウラドダル
パプリカパウダー
カレーリーフ

具 ＋ 仕上げの香り（各種スパイス） ＝ インドカレー

GRアレンジによる{インドカレー}

1	2	3	4
はじめの香り（油+ホールスパイス）	ベースの風味（フレッシュスパイス）	うま味	中心の香り（塩+パウダースパイス）

素材

1	2	3	4
紅花油 ホールスパイス マスタードシード フェヌグリーク 赤唐辛子 カルダモン クローブ シナモン ベイリーフ	ニンニク ショウガ 香菜 玉ネギ 青唐辛子	トマト ピューレ プレーン ヨーグルト	塩 パウダー スパイス ターメリック レッドチリ コリアンダー

市販のインドカレーペーストの原材料

1	2	3	4
植物油 （大豆油、 なたね油） 香辛料	オニオン ソテー	トマトペースト 酵母エキス 小麦発酵調味料 昆布エキス 椎茸エキス	カレーパウダー 食塩

1〜4の原材料を順に加熱してペースト状にするとインドカレーペーストになる

↓

インドカレーペースト ＋ 水分 ＋

Chapter
2-9-B

欧風カレー編
ゴールデンルールのアレンジ

ある世代は昔の黄色いカレーを懐かしむ。カレーは家ごとに作り方が違っていて、小麦粉とカレー粉で作ったルゥをブイヨンでのばす家もあれば、肉や野菜を煮た鍋に別鍋で作ったルゥを溶き入れるというのもあった。うま味調味料やしょうゆで味を調える、なんていうのもあった。カレー粉はたいがいS＆Bの赤缶だった。

小麦粉を使うかどうかが分かれ目

黄色い昔のカレーがおいしかったかどうかは知らない。たぶんノスタルジーで味つけをすれば、格別おいしかったのだろうと想像するばかりである。

洋食屋さんはというと、さすがにホワイトソースの基礎がある。ちゃんとバターで小麦粉を炒め、ブイヨンを加えていた。いずれにしろ小麦粉をバターで炒めたルゥがなければ欧風カレーは始まらない。インドカレーに小麦粉は入らないし、タイのカレーも同様だ。シチュー文化を背景にもつ欧風カレーだけが小麦粉を使うのである。

この欧風カレーの作り方をゴールデンルールに当てはめると、まずGR①ではホールスパイスを油で炒めないことが多い。基本的に30種類ほどスパイスの入ったカレー粉を使うので、GR①の段階で油（バターを使う）に香りを移す必要がないのだ。

GR②では例によってみじん切りにした玉ネギ（フレンチやイタリアン出身の場合は、細かいみじん切り）にニンニク、ショウガを炒め、味のベースを作る。そしてGR③へと進む。インドカレーだとここでトマトを加える手法がメジャーだが、欧風カレーの場合にもきわめて有効で、カレーに酸味とうま味を加えることができる。ただそれ以上に味のベースとなりうる材料はいくつものアレンジ例が考えられる。

だしのうま味が欧風カレーの決め手

欧風カレーの場合は、マッシュルームやエシャロットを炒めて加えることがある。いわゆるフレンチでいうデュクセルドシャンピニオンがそれだ。キノコはうま味の宝庫。とりわけブラウンマッシュルームには品のあるうま味があり、みじんにしたエシャロットとともにバターで炒め、煮つめればうま味の素ができあがる。そしてGR④で小麦粉とカレー粉を加え、炒める。ボソボソした仕上がりになるが、これがゴールデンルールでいうところの「カレーの素」である。この段階で、かくし味的に微量のウスターソースを入れることがある。原料のトマトやリンゴの酸味、と同時にうま味をも取り込みたいからだ。

GR⑤ではブイヨンやコンソメなど各種のスープを入れてのばす。これが味の決め手となる。店によってはフォンドボーやフォンを煮つめ濃厚なゼリー状にしたグラスドヴィヤンドを加えるところもある。またビーフカレーの場合、別鍋でソテーした牛肉と野菜を加え、赤ワインを入れて煮込むこともある。

一般に酸味の効いたカレーはうまい。トマトや赤ワインの酸味などは、その手助けをし、全体の味を引き締めてくれる。またチャツネやハチミツをほんの少し加えるという手もある。そして仕上げの香りのGR⑦については、メインの風味を損なわない程度にいろいろとアレンジを探ることをオススメしたい。

最後に欧風カレーを欧風カレーたらしめている要素をまとめると、主に次の6つになると考えている。

① 小麦粉のとろみ……まったりとした舌ざわりと喉ごし。
② だしのうま味……各種スープストックによるうま味。
③ バターのコク……生クリームなど乳製品が活躍。
④ 酒の風味……赤ワインやブランデー、ビールなど。
⑤ フルーツの甘味……リンゴやチャツネ、ジャムなどの甘味。
⑥ カレー粉の香り……ひとつのスパイスを際立たせない。

GR⑥のアレンジ。牛肉のリソレは強めの火で手際よくしっかりと焼き色をつける。

煮込み時には、肉が外に出ないヒタヒタの状態をキープする。

欧風カレー（ゴールデンルールアレンジ・P.130）の
作り方の手順を示したもの。

5
水分
↓
チキンブイヨン

6
具
かくし味
↓
牛肉
マッシュルーム
ジャム
チョコレート

7
仕上げの
香り
（各種スパイス）
↓
ショウガの
搾り汁

フォンド
ボーソース
ミルクパウダー
チキンブイヨン

でんぷん
ぶどう糖
調味料(アミノ酸)
カラメル色素
乳化剤
酸味料

香料

↓

水分 ＋ カレールゥ ＝ 欧風カレー

GRアレンジによる{欧風カレー}

1	2	3	4
はじめの香り（油+ホールスパイス）	ベースの風味（フレッシュスパイス）	うま味	中心の香り（塩+パウダースパイス）
素材			
紅花油 ホールスパイス クミンシード	玉ネギ バター 野菜ピューレ	トマト ピューレ マリネ液	塩 カレー粉 小麦粉
市販のカレールゥの原材料			
食用油脂 （牛脂、豚脂） バターオイル 香辛料	ソテード オニオン フライドオニオン ペースト マッシュルーム ペースト	砂糖 乳糖 バナナ リンゴパウダー	食塩 カレー粉 小麦粉

1〜7の原材料を加熱して固形化するとカレールゥになる

＋ 具

Chapter
2-9-C

タイカレー編
ゴールデンルールのアレンジ

タイカレーはずばり香り高く辛い。その香りと辛さの秘密は独自のスパイスにありそうだ。たとえば見た目は近江ショウガみたいなカーというスパイスや、小さくても辛いピッキーヌという青唐辛子の仲間、玉ネギより刺激の強いホムデンやコブミカンの葉のバイマックルー、それに香菜やレモングラス、場合によっては日本では手に入りにくいルッガワンというスパイスも使う。

そしてこれらのスパイスをまとめて石鉢で擂《す》りつぶし、ペーストにしてしまう。いわゆる〝タイカレーペースト〟がそれで、インドカレーの作り方と大きく異なる点だ。ゴールデンルールでいう①〜④まで、つまり「カレーの素」と呼ばれるところまでをひと息にペーストにしてしまうのだ。

タイカレーの基本はペースト

日本でならミキサーや電動ミルを使うところを、タイではクロックという石鉢にちょっとずつ材料を入れ、太い石の棒で叩きつぶし、叩きつぶしながら擂ってペーストを作っていく。私の経験上、刃で切るよりも石でつぶすほうが香りは強く出る。

タイカレーには主に3つのタイプがある。できあがりの色から名づけられたもので、それぞれレッドカレー、イエローカレー、グリーンカレーと呼ばれる。さらに南部にはマッサマンカレーというのもある。レッドカレーは赤唐辛子、イエローカレーはターメリック、グリーンカレーは青唐辛子かプリッキーヌで色をつける。マレー系イスラム教徒の好むマッサマンカレーにはピーナッツやシナモン、八角などが使われ、ちょっぴりエキゾチックな雰囲気を漂わせている。

レッドカレーペーストの材料をざっと挙げると、赤唐辛子、カー、レモングラス、香菜の根、ニンニク、赤玉ネギ、カピ（小エビの発酵調味料）、クローブ、クミンシード、コリアンダーシード、ピューマックルー（コブミカンの皮）といったところか。これらを少量の水といっしょにミキサーにかけ、ペーストにする。

タイカレーの〝三種の神器〟

タイの古典的なやり方だと、鍋にココナッツミルクを入れて煮立たせ、うっすら油が分離したところでタイカレーペーストを加えさらに煮立たせるのだが、私はフライパンに油を熱し、カレーペーストを炒めるところから始めたい。ペーストの水分を飛ばし、香りを立たせたいのだ。そしてココナッツミルクと牛豚鶏などの具材を入れて煮る。ゴールデンルールでいうと⑤

と⑥、もしくは⑦まで一気にやってしまう。

このGR⑤⑥のプロセスには、ほかにナムプラー（塩漬けにした魚の上澄み液）やバイマックルー（コブミカンの葉）なども加える。バイマックルーは清々しくフレッシュな香りがするスパイスで、生のものと乾燥タイプのものがある。香菜やレモングラスと並んで、タイカレーには欠かせない存在だ。

さて、タイカレーの作り方の特徴がすでに明らかになった。インドカレーと違うところは、GR①〜④の過程を順を追ってやらず、一気にペーストにしてしまうところ。そしてGR⑤〜⑦もまとめてやってしまうのがタイ式だ。それとインド式は乾燥スパイスを油になじませることで香りを立たせていくやり方だが、タイ式は生のスパイスをどっさり使い、フレッシュな香りを立たせていく。玉ネギなどもあまり深く炒めず、生っぽいところを残すのが特徴か。

タイカレーの〝三種の神器〟は【タイカレーペースト＋ココナッツミルク＋ナムプラー】だ。この3点セットがあれば、たちまちタイカレーができてしまう。GR⑦の仕上げの香りには、シシトウやスウィートバジルを混ぜ合わせたり、ナムプラーを加えたりするというのが一般的。発酵調味料の代表でもあるナムプラーは香りというよりうま味の追加だろうか。

自家製のカレーペーストは、フレッシュな香りが印象的。

カレーペーストの炒め具合によって、仕上がりの風味が変化する。

タイカレー（ゴールデンルールアレンジ・P.138）の
作り方の手順を示したもの。

5

水分

↓

湯
ココナッツ
ミルク

6

具
かくし味

↓

鶏、ナス
シシトウ
ミニトマト、砂糖
ナムプラー

7

仕上げの
香り
（各種スパイス）

↓

スウィート
バジル

具 ＋ 仕上げの香り（各種スパイス） ＝ タイカレー

GRアレンジによる｛タイカレー｝

1	2	3	4
はじめの香り（油+ホールスパイス）	ベースの風味（フレッシュスパイス）	うま味	中心の香り（塩+パウダースパイス）

素材

1	2	3	4
紅花油	小玉ネギ ニンニク ショウガ 青唐辛子 レモングラス 香菜 スウィートバジル	カピ	クミン ブラックペッパー ナツメグ コブミカンの皮

市販のタイカレーペーストの原材料

1	2	3	4
コリアンダーシード コショウ	ニンニク カランガー 青唐辛子 レモングラス	シュリンプペースト	クミン ターメリック 塩

1〜4の原材料をまとめてすりつぶし、加熱するとタイカレーペーストになる

↓

タイカレーペースト ＋ ココナッツミルク ナムプラー ＋

Chapter

2-10 システムカレー学

スパイスで作るカレーには一定のルールがある、それはタイカレーも欧風カレーも例外ではない。私はその基本原理をカレーの「ゴールデンルール」と名づけた。私はこの思わぬ発見に半分有頂天になりかけたが、これで一件落着とはいかなかった。ルールはわかったが、自分の思い描くとおりのカレーを自在に作り出せなかったからだ。

たとえばサッパリ味のレモン色をしたカレーをイメージしたとする。そのイメージどおりのカレーを作るには、スパイスや食材をどんな形に切り、どの程度の火加減で、どのくらい煮たらいいのか――さっぱりわからなかったのである。つまりコントロールが効かなかった。

（ここにも必ず一定のルールがあるはずだ）

私はそう確信した。その理屈さえわかってしまえば、活殺自在にいろいろなバリエーション・カレーが作り出せるだろう。私はさっそく実験を始めた。

その結果、カレーの「とろみ（粘度）」や「色」「味」には食材の「形」や加熱の際の「火加減」、そして「加熱時間」が大きく関わっていることがわかったのである。

簡単にまとめると次のようになる。

●素材をつぶす方向……小さく切り、早いタイミングで鍋に加え、強い火力で長時間加熱する。

●素材の形を残す方向……大きく切り、遅いタイミングで鍋に加え、弱い火力で短時間加熱する。

スパイスはホールを主にするかパウダーを主にするか、玉ネギやニンニク、ショウガはみじん切りにするかペーストにするか、トマトはフレッシュを粗く刻むか、それともトマトピューレを使うか、火加減は弱いか強いか、加熱時間を長くするか短くするか――これらを変化させることで、イメージどおりのカレーをシステマティックに作り出せるようになったのである。私はこれを「システムカレー学」と呼ぶことにした。システムカレー学は、カレーの設計書のようなものである。これが頭に入っていれば、狙ったとおりの見た目や味わいを作ることが可能になる。また、同時にシステムカレー学は、カルテのようなものともいえる。自分以外の人が作ったカレーでも、ひと口食べればある程度のレシピを推測することができるからだ。

システムカレー学　テクニック

（P.89 の写真も参照。レシピは P.152,153 参照）

		システムカレーA		システムカレー B
調理手法	1. 食材やスパイスの形	つぶす	⟷	残す
	2. 投入タイミング	早い	⟷	遅い
	3. 火加減	強い	⟷	弱い
	4. 加熱時間	長い	⟷	短い
カレーの仕上がり	5. 形状（とろみ）	強い	⟷	弱い
	6. 色	濃い	⟷	淡い
	7. 味	重い	⟷	軽い
	8. 香り	きつい	⟷	柔らかい

システムカレー学の最も重要なポイントは、素材の形状をどの程度残し、どの程度つぶすのか、ということ。カレーに加える素材の形がつぶれるということは、その分だけ脱水して味が深まり、エキスが溶け出して全体になじむ。ひと言でいうとはっきりした濃厚な風味が生まれやすい。それは鍋に投入するタイミングや火加減、加熱時間によっても変動する。上記の1～8の要素はどちらか両極端ということではなく、すべてがグラデーションである。まず「仕上がりの味」をどのあたりにするかを決め、それをゴールとしたときに最適な「調理手法」はどのポイントなのかを決める。この考え方が、システムカレー学である。

Chapter

2-10-A

作りたいカレーをコントロールする

ゴールデンルールには「火の通りにくいものから順に加えていく」という決まりがある。それは形や堅さ、大きさ、比熱などの異なるものに均一に火を通すための基本的なルールである。たとえばAカルダモンのようなホールスパイスと、B青唐辛子やパクチーなどのフレッシュなスパイス、そしてC粉になったパウダースパイス、の3種があったら、火の一番通りにくいAからB、そしてCという順番で鍋に入れていくのが原則である。これはスパイスに限らず、すべての食材にいえることで、またカレーに限ったことでもなく、どんな料理にも共通していえる原理原則である。

ゴールデンルールを意図的に崩す

しかし、この原則を意図的に崩すことがある。ニンニク&ショウガをみじん切りにしたりペーストにしたり、はてはあらかじめ水に溶きG&Gジュースとして用いることがある、とはすでに述べた。みじん切りにした場合は、青くさい香りが残ってしまうので玉ネギより先に炒めるが、すりおろしたものやG&Gジュースの場合は、玉ネギを炒めたあとに投入する。あまりにも火が通りやすいので、先に炒めると焦げてしまうからだ。これはまさに原則どおりである。

ところが、私もよくやるのだが、少し粗めに刻んだニンニクとショウガを玉ネギのあとに炒めることがある。これは「火の通りにくいものが先」とする原則には明らかに反している。こうした横紙破りをなぜするかというと、粗く刻んだニンニクの〝らしさ〟とショウガの〝らしさ〟を最後まで残しておきたいからだ。あのピリ辛の舌ざわりと香りを最後まで生かしておきたい。だから確信犯的に横紙を破っているのである。

GR③に入れるべきトマトをGR④のあとに回すこともある。粗く切ったフレッシュのトマトをGR④以降に投入すれば、トマトが完全につぶされずに残る。そうすればソースに同化しないトマト自体の〝らしさ〟が残る。つまりどちらの例も、風味の違いやテクスチャー（舌ざわり、質感）の違いを出そうと企図されている。

同じ素材を使っていても、意図的に投入の順番を変えることで、「何を強調したいのか」、あるいは「どんな主張を込めたいのか」といった演出が可能になる。「料理はアートだ」などと大上段に唱えるつもりはさらさらないが、料理を真白きカンバスに見立てることはできる。どんな色のパステルで描くかは個人の自由である。しかしルールを知った上であえて崩してこそ〝個性〟の発現があるということも信じていい。

タイカレーには3つのタイプがあって、その赤や緑、黄の色は唐辛子やターメリックなどの色の違いを利用しているが、シ

同じ材料を使ったシステムカレーA（左）とB（右）の比較

Aのレシピの特徴

鍋中の材料の形をできるだけつぶしていくことで、とろみが強くて濃厚な味わいに仕上がる。

Bのレシピの特徴

鍋中の材料の形をできるだけ残していくことで、さらっとしてスッキリした味わいに仕上がる。

ホールスパイスは使わない	⟺	赤唐辛子とクミンはホールを使う
みじん切りの玉ネギをあめ色になるまで炒める	⟺	玉ネギは厚めにスライスしてしんなりする程度
ニンニク、ショウガはすりおろして形をつぶす	⟺	ニンニク、ショウガはみじん切りにして形を残す
トマトはピューレ状のものを加えて水分を飛ばす	⟺	トマトをザク切りにして煮込みの後半で加える
スパイスはすべてパウダーを使って炒める	⟺	コリアンダーとターメリックのみパウダーで使う
少なめの湯を加えて煮つめるように加熱する	⟺	多めの湯を加えてスープ状に仕上げる
香菜はペーストにしてソースになじませる	⟺	香菜はザク切りにしてさっと混ぜ合わせる
煮込み時間は長めにする	⟺	煮込み時間は短めにする

ステムカレー学を利用すれば、3色にとどまらず、さまざまなバリエーションの色味をカレーに演出することができるのだ。

カレーは計算しながら作ることができる

たとえば黄色いカレーを作りたいとする。こういう場合は、黒味を出しそうな素材や調理法はおしなべて排さなくてはならない。たとえばパウダースパイスならクローブとかコリアンダー、クミンといった黒っぽいスパイスは使わないか、色に影響しないホールの状態で使うことにして、代わりに黄色のターメリックを強調させる。レッドチリも量を減らせば、ターメリックの黄色がバーンと前面に出てくる。辛味が足りなければホールの赤唐辛子で間に合わせればいい。

玉ネギもスライスして5分ほど軽めに炒めるにとどめ、こんがりと色づくまでは炒めない。ニンニクとショウガもみじんに切ったり、スライスするだけ。ペーストにすると色が濁るからだ。また色のあるトマトも入れない。代わりに白色系のヨーグルトやココナッツミルクを入れる。火加減も強くせず、加熱時間も長くかけずサッとあげる。

こうした一連のテクニックによって、色の淡い、味も軽めのカレーができる。火もそれほど入っていないので、とろみもつかずあっさりしている。こうやって狙いどおりの黄色いカレーをシステマティックに、また計算ずくで作るのだ。これが「システムカレー学」のイロハのイである。

スパイスの場合、カルダモンやシナモン、クローブといったホールガラム系のスパイスは、長時間煮込んでも形を変えず最後までホールのままだが、いくら長時間加熱してもスープの色に影響することはあまりない。一方、粉にしたパウダースパイスは色がつきやすい。そこで新しい定理を一つ。

ホールスパイスは色がつかないが、パウダースパイスは色がつく

それと、ホールスパイスは香りが柔らかいが粉のスパイスは香りがきつくなる、という法則もある。たとえばクローブを4粒ホールのまま入れたカレーと、その4粒を粉にして入れたカレーとを比較すると、後者のほうがクローブの香りが圧倒的に強い。そこでまたまた新しい定理を一つ。

スパイスはつぶせばつぶすほど香りがきつくなる

ただし加熱時間を長くしたり、強火にしたりすると香りはどんどん飛んでいく。だから香りに関しては必ずしも形状がつぶれているか否かが絶対ではなく、ほかの条件も影響してくる。

次頁の表にあるように、同じ素材を使っても所与の条件が異なれば、A~Hのバリエーションが考えられる。いろいろなパターンのカレーを作り出すことができるのだ。

Aの場合は「とろみ」が強く、深い「色」で、味も「重い」カレーとなっている。こういうカレーを作りたいときはどうす

システムカレー学　バリエーション

	カレーA	カレーB	カレーC	カレーD	カレーE	カレーF	カレーG	カレーH
とろみ	強	弱	強	強	強	弱	弱	弱
色	深	淡	深	淡	淡	深	淡	深
味	重	軽	軽	重	軽	重	重	軽
実現性	○ P.152参照	○ P.153参照	△	○ P.154参照	△	○ P.155参照	△	△

とろみと色と味の組み合わせでいくつかの例を紹介。香りは、スパイスを増減させることである程度はコントロールができる。

るか。まずはホールスパイスは使わず、ニンニクとショウガはすりおろし、玉ネギもあめ色になるまで炒め、トマトはピューレを使う。そしてパウダースパイスの量を心もち増やす。

逆にBの場合、「とろみ」が弱く、淡い「色」で、味は「軽い」カレーだから、ホールスパイスを主にし、唐辛子も丸のまま使い、粉のスパイスはごく少なめにする。そしてニンニク・ショウガもペーストにせずみじん切りにしたりスライスにする。火加減なども強くせず短時間でサッとあげる——こうすれば狙いどおりのカレーができあがるはずである。

また、それを増幅させる手立てもある。「とろみ」は片栗粉やナッツ類で、「色」はイカスミやカラメルで、「味」はバターやブイヨン、生クリームなどで、といったふうにだ。私は時々、カレーは数学ではないか、と思うことがある。

カレーの仕上がりに影響を与える食材

とろみ

小麦粉
片栗粉
ナッツ類（パウダー状のもの）
ジャガイモなどのでんぷん質
玉ネギやニンニク、
ショウガなどのペースト

色

濃い色……イカスミ、カラメル、黒ごま
淡い色……ココナッツミルク、牛乳、生クリーム
赤色……トマト、パプリカ
緑色……ホウレンソウ、バジル

味

バターや生クリームなどの乳製品
ブイヨンなどのだし
酒類の風味
各種うま味系のかくし味

Chapter
2-10-B
設計したとおりにカレーを作る

91頁「システムカレー学　バリエーション」の表を見てほしい。カレーDは「とろみ」がそこそこあり、明るい「色味」があり、「味わい」はそれなりに重く食べごたえがある。このカレーでとりわけ意識したのは「色味をできるだけ明るくする」ということだ。そのためには何をしたらいいのか。絵の具と同じで、まずは色がついたり、濁ったりしやすいパウダースパイスをできるだけ避けることにした。

その代わりに使ったのは、ホワイトペッパーパウダーやフェヌグリークパウダーといった色のつかないスパイスだ。これをマリネ材料に用い、鶏手羽元にしっかりもみこんだ。またプレーンヨーグルトや生クリームの白も明るい色のカレー作りに生かされている。

ホールスパイスはいわゆる〝ホールガラム〟と呼ばれるカルダモン、シナモン、クローブのトリオ。パウダースパイスではなくホール主体にすることで、ソースへの余計な着色を抑えた。また玉ネギ炒めも同様に、せいぜいキツネ色くらいにとどめるようにした。ポイントはそこだろう。

ブイヨンなどは使っていない。が、鶏の骨から出るだしやヨーグルト、生クリームのうま味と酸味が効いていて食べごたえのある味に仕上がっている。このカレーDは煮込む際に唯一蓋をするレシピで、水分は上記のヨーグルトと生クリームだけ。蓋をして煮込むことで、水分の蒸発を防ぎ、適度なとろみと濃厚感のある味わいのカレーを実現している。

カレーFはDとは逆で、「とろみ」はなくシャバシャバしていて、「色味」は濃く、「味わい」は深くて重い。どうやってこんなカレーを作るのかというと、Dと逆のことをやればいい。すなわち、Dが色味をつけまいとホールスパイス主体でやったのに対し、こっちはパウダースパイスを主体にし、ホールはクミンだけ。おまけにターメリックやレッドチリ、ブラックペッパーと色味のつきそうなものを意識的に使っている。結果は、色が濃く味わいの深いソースのできあがりだ。もちろん玉ネギはあめ色まで炒めている。

ソースの味を深くし、色味を濃くするためには〝つぶす〟ことが必要だ。スパイスならつぶして粉にしたものを使い、ニンニク、ショウガもすりつぶす。トマトだってフレッシュやホールトマト缶などは使わず、すりつぶしなめらかなピューレ状にしたトマトピューレをあえて使う。ここでは、「つぶす⇒濃い色と味」という法則を学んでほしい。

それと、これもかなり恣意的にやったのだが、しょうゆと赤ワインを加えている。濃い色みを補強するためだ。また赤ワインにしょうゆを数滴加えるとうま味が増す、というデータもある。そして大量のブイヨンも効いている。シャバシャバした食感ながら、味は濃厚で奥行きがある。設計どおりの仕上がりだ。

システムカレーD
パウダースパイスを極力減らす、玉ネギなどは色づくまでは炒めない、色の白い生クリームを使う、などによりクリーミーな色と味わいをめざす。

システムカレーF
赤ワインやしょうゆなど色の濃い材料を使う、玉ネギなどはキッチリあめ色になるまで炒める、などによりさらっとしていても深い色と味わいをめざす。

まな板

長年、丸形のまな板を使ってきたため、この形が個人的には使いやすい。もともとはイベント用の仕込みで大量の玉ネギを切ったりするのに、長方形よりも丸形のほうが使いやすかったからだ。

包丁

肉や野菜などの具を切るための牛刀と、玉ネギをスライスしたりニンニクやショウガを切ったりするスライサー、もしくは少し大きめのペティナイフの2本を準備するとよい。

カレー作りの調理器具

カレー作りに特別な道具は必要ない。

ただし、あれば便利だろう、というものはある。とりわけ手が疲れず鍋にやさしい木べらは必須。

香辛料を密閉保管するスパイスジャー、
材料をペースト状にするブレンダーもあればうれしい。

わが家の調理道具を一挙公開。

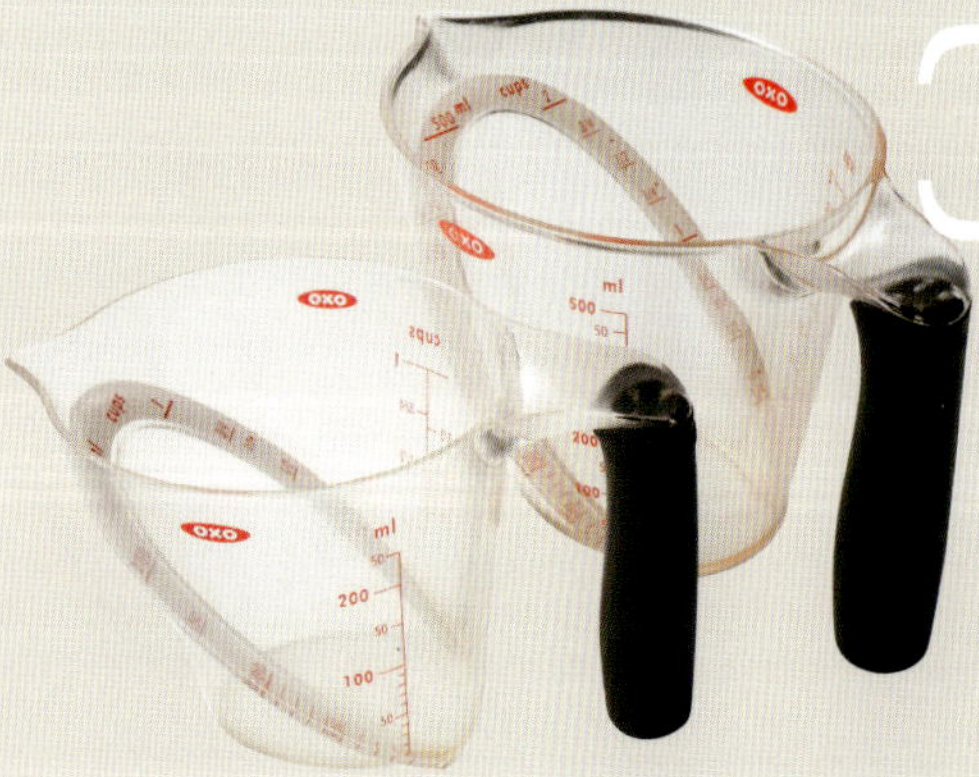

計量カップと計量スプーン

はじめのうちはスパイスや水分などはきっちり計量するほうがいい。慣れてくれば目分量でOK。その場合は、計量カップの代わりにグラスやコップ、計量スプーンの代わりにテーブルスプーンやティースプーンなどが使える。

木べら

かなり重要なアイテム。サイズや形がいっぱいあるが、使用する鍋の形状に合った木べらを選ぶのが理想的。私は30種類以上の木べらを保持しているが、使いやすい木べらの共通点はグリップが太いことだ。

スパイスジャー

スパイスを保存する容器はさんざん探した結果、これにたどり着いた。重要なポイントは、まず密閉できること。ほかにはスタッキングできて、何が入っているのかが外側からわかること。よく使うスパイスは容量の大きなものを使う。

鍋

カレーの味を左右する最も重要なアイテム。本書では厚手のアルミ鍋を使ったが、表面加工のしてある鍋でもよい。油が少なくて済むし焦げつきにくいからだ。フライパンのように丸みのある立ち上がりで鍋のような深さがあるものがベスト。

Chapter

3

カレーの技術

カレーは迷信の世界でもある。
玉ネギの“あめ色神話”はその最たるものだ。
カレーはなぜおいしいのか。
伝統に培われたフレンチの知見や調理科学の眼によって
そのおいしさの秘密に迫る。
目からウロコの仰天事実がいっぱいだ。

Chapter
3-1
カレーはなぜうまいのか

「夜道を一人で歩いていたら　どこから何やらカレーのにおい〜」と歌うのは、真心ブラザーズの「素晴らしきこの世界」だ。誰しも経験のあることではないだろうか。よその家から漂ってくるカレーの香りは、なぜあんなにおいしそうなんだろう。そういえば、そば屋さんで誰かがカレー南蛮を注文すると、あとから入店した客が次々とその香りにつられてカレー南蛮を注文するという話を聞いたことがある。

　カレーのもつこの圧倒的な吸引力を、私は時々「香りの魔力」と呼ぶことがある。しかし、カレーの香りだけがおいしさを生み出しているのなら、スパイスを使った料理が一様に多くの日本人の心をわしづかみにしてもいいはずだ。おそらくカレーの魅力はまた別様のものなのかもしれない。

トロトロしたものはおいしい

　さてカレーライスはラーメンと並ぶ日本の国民食といわれて久しい。私は「なぜカレーはおいしいのか」「なぜカレーは多くの日本人に愛されているのか」――そのことが無性に知りたい。そこにはインド人とは異なる日本人特有の嗜好嗜癖がありそうで、比較文化論的な興味からも、その答えが知りたいのである。

　私はいろいろなカレーを食べてきた。インドには毎年研究目的の旅に出ているし、タイをはじめとする東南アジア諸国にも何度も足を運んでいる。ヨーロッパに行けば、ありもしない〝欧風カレー〟なるものを求めてウロウロし、イギリスでは最先端のインド料理店をしらみつぶしに食べ歩いた。日本のカレーはいうまでもない。小さいころから給食などで味と香りが身体の芯にまで刷り込まれているし、高校を卒業して上京してからはカレーの食べ歩きがライフワークとなり、この10年ほどは年間４００食ほどのカレーを食べている。もはやこの桎梏《しっこく》からは逃れられない。まさに〝カレーの奴隷〟である。

　カレーはなぜこんなにうまいのか――その理由《わけ》はいろいろ考えられるが、主に日本のルゥカレーを対象にすると、私は大きく４つの理由を挙げることができる。

①とろみ　②だしのうま味　③スパイスの香り　④味の複雑さ

以上である。

アジアは主にダシ文化圏

①のとろみは重要だ。サラサラで粘度のないインドのカレーにはこの〝トロトロ〟した感じが足りない。ご飯の上にかけると砂に染み入るように吸い込まれてしまう。インド人はきっと「このサラサラ感がたまらないんだよな」と、粘度のないカレーのほうに軍配を上げるだろうが、日本人は逆で、粘性のないものに対しては、つい物足りなさを感じてしまう。

納豆は50回かき回し20分おいてから食べるとおいしい、と聞いたことがある。どういうわけか日本人はヌルヌル、ネバネバしたものが好きで、その類の食べものが数多くある。納豆に山芋、ナメコにじゅんさい、もずくに昆布……。

発酵学や「ヌルヌル学」の権威である農学博士の小泉武夫氏は、《なぜ粘質食を好むのかの大きな理由の一つは、どうやら主食の米にあるようだ》（『食に知恵あり』）と喝破している。米を炊いためしには粘り気があって、私たちはそれを大いに好む。その毎日食べる主食が粘質状なのだから、そこに納豆や生卵といった〝ヌルヌル派〟の副食がのっかってもなんら違和感を覚えない、という理屈である。

小泉氏は粘り気の出るジャポニカ米だからうまいのだ、とも言う。これが外米のインディカ米だったら、パサパサしていて、おにぎりもすしも握れない。ねっとりとしたジャポニカ米だからこそ、小麦粉でとろみをつけた日本のカレーがぴったり合う。

中国人もとろみが大好きで、炒めものやスープに水溶き片栗粉が使われなかったら、そもそも中国料理の体を成さない。

カレーソースにとろみがついていると、ソース自体は重くなる。しかし重い分だけ口中での滞留時間も長くなり、味に深みを感じることができる。とろみがコクを最大限に高めてくれるのだ。さらに喉ごしが重たくなるから、ゆっくりと適度な抵抗をみせながら胃に落ちていく。コクはさらに増幅されるのだ。

次は②のだしのうま味だ。『コクと旨味の秘密』の著者で、京都大学教授の伏木亨氏は、この本の中で《北米・ヨーロッパが油文化圏とするとと、アジアはダシ文化圏です》と規定している。食事をしたときの満足感を「油」と「だし」のどっちから得るか——その視点からの分類だそうだ。

日本のカレールゥの中には、うま味調味料や酵母エキスなどうま味成分がたっぷり入っている。このうま味がカレーの味を決めているといっても過言ではない。インド料理にはそもそも〝だし〟の概念に乏しい、とは再三述べたところだが、だからといってインドカレーにうま味がないわけではない。乳製品やナッツ類などの〝かくし味〟がだしの代わりを務めてもいるし、肉などの素材から出るだしだってある。つまり意識しているか、いないかの問題なのである。

インドの家庭ではチキンなどは主に骨つきを使う。骨からはたっぷりだしが出る。そのだしのうま味とフライドオニオンやヨーグルト、カシューナッツのうま味が積算されるのだから、チキンコルマカレーはたとえようもなくうまい。香りもコクも申し分ない。インドはどちらかというと油文化圏に入るのだろうが、だしと無縁というわけではない。

さて、③のスパイスの香りも外せない。日本人はスパイスの香りが好きなんじゃない、カレー粉の香りが好きなんだ、とは先述した。常習性があるのだろうか、あの香りを嗅ぐと、パブロフの犬並みに唾液を出し尻尾をふりたくなる。さまざまなスパイスが融合して、よくいえば調和し、悪くいえば個性を打ち消し合って凡庸な香りに落ち着くカレー粉。これが日本人にとってはいい塩梅で食欲を刺激し、そしていつまでも香りの余韻と舌のしびれ感を残してくれる。

複雑かつ深みがあってバランスのよい味

最後は④の味の複雑さだ。伏木氏もコクは〝集合の力〟だと言っている。《コクは尖った単調な味覚とは正反対に位置する》とし、どういう状況に置かれたときにそのコクを感じるかというと、《特定の味の刺激が突出せず多くの味覚が複雑に絡み合い、個別の味覚としては認識できないほどの多くの刺激がある場合》だという。つまり、たくさんの味が混じっている、という感覚がコクの大事な要素の一つとして認識されるのである。

インド人は10種に満たないスパイスを駆使して複雑精妙な味を作り出す。最初から、この料理はこの香りにしたいと狙いを定め、その狙いにふさわしいスパイスを的確に選ぶ。いわば〝少数精鋭主義〟だ。

一方日本では、「40種類のスパイスを使っています」などというキャッチが売りものになったりする。食べてみると、なんだかまとまりがなくわかりにくい味なのだが、人によっては謎めいた不思議な味に思えるらしい。「次から次へと陰翳《いんえい》豊かな香りが舌の上で明滅する」といったところだろうか。

伏木氏は前掲の著書の中で、カレーライスをコクのある食品の代表選手に挙げている。

《カレーはコクの要素をたくさん持っている料理です。まず、濃厚な油のおいしさがあります。野菜や肉をよく煮込んだうま味も強烈です。それに香辛料が複雑で濃厚感を出しています。ターメリックやクミン、トウガラシをはじめ三〇種類以上の香辛料が渾然となっており、尖った風味ではないことも重要です。適度のとろみも濃厚感を引き立てています》

インド人の評判はともかく、《日本のカレーはコクの宝庫です》と結論づけたのである。私も賛成だが、自分では「わかりやすい複雑さ」を求めていきたいと思っている。

複雑さは大事な要素だが、ただ複雑なだけでは味は壊れてしまう。複雑で深みがありながらバランスが取れていることが肝心。それを実現する手法のひとつが、「寝かせること」だ。

開業130年を超える箱根富士屋ホテルで人気を博す伝統のビーフカレーは、丁寧にとったコンソメを冷蔵庫で3日間寝かせ、味が深まったところでカレーのベースと合わせて煮込む。仕上がったカレーソースをさらに冷蔵庫で3日間寝かせている。このことで味が深まり、全体的にまとまってバランスが取れるわけだが、そのメカニズムを解明するのは至難の業である。

Chapter 3-2 玉ネギを炒める

日本にはカレーに関していくつかの〝神話〟がある。「カレーは3日寝かせるとうまい」とか「40種類のスパイスが使ってあるからうまい」とか「玉ネギは弱火であめ色になるまで炒めなくてはならない」といったことなどである。部分的に正しいところもあるが、勝手な思い込みというところもある。神話というよりむしろ〝迷信〟というべきかもしれない。

「玉ネギ＝弱火であめ色」はすでに日本人の大脳中枢に刷り込まれていて、この神話ないし迷信を突き崩すのはとても骨が折れる。

（カレーは食べたいんだけど、玉ネギを1時間も炒めるとなると、ちょっとねえ……）

二の足を踏んでしまう、という人は多い。

日本人を〝あめ色神話〟から解放したい

なにも律義にあめ色になるまで炒めなくたっていいのだが、すでにある種の妄念というか強迫観念みたいになっていて、「何がなんでもあめ色に」と思いつめ、ついがんばってしまう。

私はこうした〝あめ色神話〟に取り憑かれてしまっている人たちを、すみやかに解放してあげられないかと思っている。少なくとも、

「1時間も鍋の前に立っていなくてもいいんですよ」

と、そっと教えてあげたい。ものの15分であめ色にする方法もあるんですよ、と裏ワザを教えてあげれば、あめ色神話の呪縛も解けるかもしれない。以下、科学的な見地から「玉ネギ炒め」にスポットを当ててみた。

その前に、カレーと玉ネギ炒めとの関係を整理しておきたい。私たち日本人は、カレーと玉ネギは切っても切れない関係にあると思っている。肉・野菜などの具材やルゥを入れる前に、みじんに切った玉ネギを丁寧に炒めておかなくてはならない、とする責務があって、それは絶対に完遂しなくてはならない、と思っている人も多い。

では、本場インドの人たちは玉ネギ炒めのことをどう思っているのだろう。日本人以上に炒めることに情熱を燃やしているのだろうか。そんなことはない。インドには玉ネギなしのカレーもある。もちろん〝あめ色神話〟なるものは存在しない。

フライドオニオンの威力を知るべし

北インドはパンジャブ地方にたっぷりの玉ネギを油で揚げる手法がある。粗みじんに切ったものを多めの油で茶色になるまで揚げ、各種カレーに利用する。スライスにして揚げることもある。揚げた玉ネギはカシューナッツやポピーシード（けしの実）などといっしょにペーストにする。

私はこの北インド流のフライドオニオンが割と好きで、玉ネギをうまく活用する手法の一つだと思っている。水分が抜けるからグレイビー（カレーソース）に溶けやすくなり、あめ色にしたのと同じ効果が得られる。油でコーティングしてあるので、ヘルシーとはいいがたいが、実にパンチ力のある味に仕上がっている。

南インドでは逆に、少なめの玉ネギをキツネ色にすることもなく、火が通ればもうそれで十分という感じで切り上げてしまうことも多い。

南インド料理に詳しい友人のナイル善己君（銀座「ナイルレストラン」3代目）は、

「北インドにみじん切りが多いのは、とろみの強いカレーソースに玉ネギが染み込みやすいから。スライスの多い南インドの場合は、どちらかというと玉ネギを具として楽しんでいるのではないか」

と南北の違いを説明している。玉ネギをあっさり炒める代わりに、ココナッツミルクや酸味の効いたタマリンドなどで軽さをカバーし全体のバランスをとっている、というのも南インドの特徴か。

では実際に玉ネギを炒めてみよう。まず玉ネギの切り方だが、インドでも地域や宗教、店や家庭によって千差万別、実にさまざまな切り方がある。でも大きくはみじんに切るか、スライスにするかのどっちかだ。みじんはフランス料理みたいにごく細かいみじん切りもあれば、5〜10ミリくらいの粗みじんの場合もある。スライスは、繊維に沿って切るか繊維に垂直に切るかで使い途が違ってくる。

ごくマイナーな手法だが、すりおろすという手もある。日本ではベンガル出身のコックがよくペーストにした玉ネギを油で炒めることがある。玉ネギを入れた瞬間にぶわっと泡立つので少々危ないが、しっかり炒めればなめらかな舌ざわりが生まれるのだ。

さてこの項では主に、みじん切りにしたものと繊維に沿ってスライスしたものの2種類を用意し、炒めたときの違いを比較してみる。インドでは玉ネギ1個で4人分のカレーを作るが、日本では2個ほど使う場合もある。それだけ日本人が玉ネギのうま味を重視するということでもあるし、インドの小粒の紫玉ネギのほうが味が凝縮されているということでもある。

みじん切りとスライスを比較する

最初は粗みじんにした玉ネギ（400グラム）を鍋で炒めていく。左頁の写真を見るとわかるが、ここでは便宜的にかつ遊び心を込めて「炒め具合」を動物の毛色になぞらえている。炒める前は「ウサギ色」、しんなりし、ほどよく色づいた状態は「イタチ色」、濃い黄金色の状態は「キツネ色」、濃いめの茶色は「タヌキ色」、そしてめざすあめ色は「ヒグマ色」だ。「ゴリラ色」までいってしまうと焦げていることになるから、失敗である。

それともう一つ。ここでは〝弱火でじっくり〟という迷信を排している。私が提案したいのは〝強火でスタートし、徐々に火を弱めていく〟というやり方だ。炒めるというより「炒め焼く」あるいは「炒め揚げる」という感覚である。このほうが甘みと同時に香りが一段と引き立ってくる。

で、さっそく強火で炒めると、約8分でイタチ色になった。見た目は半分の量まで脱水していて、重さを計ったら400グラムが280グラムになっていた。

玉ネギ400グラムに対して精製植物油を大さじ2杯で統一する。で、次にめざすのは「キツネ色」だ。結果は強火8分＋中火8分の計16分。玉ネギの重量は170グラムに減じていた。

同様に「タヌキ色」までは強火8分＋中火16分の計24分。重量は100グラムと生の4分の1にまで凝縮されている。この段階になると、木べらでたえずかき回さないと焦げついてしまう。

よく最初から最後までかき回し続ける人がいるが、炒めはじめの段階は丹念にかき回す必要はない。一度ざっくりかき回しておけば、玉ネギの水気があるので、しばらく放っておいても焦げつかない。ポイントは、やや強めの火で大きく丁寧にかき回すことだ。水気が飛び、焦げつくことなく炒められる。

見た目だとタヌキ色ですでにあめ色に達しているようにも思えるが、正真正銘の「ヒグマ色」をめざしたら、強火8分＋中火16分＋弱火10分の計34分かかった。重量は60グラムだ。

スライスでも同様に変化し、同じ34分間で残った重量は80グラムだった。みじん切りにしたほうが鍋に広がりやすく、その分水気が飛んだ結果が、重量差の20グラムに現れたもようだ。

玉ネギを煮たり焼いたり茹でたり

実験はほかにもある（110〜112頁参照）。

① 粗みじん切りにして湯を加えながら炒める
② 繊維に垂直にスライスし、炒める
③ 繊維に垂直にスライスし、油で揚げる
④ 繊維に垂直にスライスし、オーブンで焼く
⑤ 繊維に垂直にスライスし、油で揚げてからミキサーにかける
⑥ 四つ割り後、繊維に沿って厚めにスライスし、強火でサッと炒める
⑦ すりおろして炒める
⑧ 繊維に沿ってスライスし、煮る
⑨ ボイルしてペーストにし、炒める

みじん切りにして炒めた玉ネギの色と量の変化

〈ウサギ色〉
玉ネギ
（北見F1・糖度7.8%）、
中玉2コ（400g）を
みじん切りにし、
サラダ油大さじ2で
炒める。

↓

〈イタチ色〉
強火で8分後。
重さ280g。
糖度9.52%。

↓

〈キツネ色〉
強火で8分、
中火で8分後。
重さ170g。

↓

〈タヌキ色〉
強火で8分、
中火で16分後。
重さ100g。

↓

〈ヒグマ色〉
強火で8分、
中火で16分、
弱火で10分後。
重さ60g。

④は160℃で90分。30分ごとに3回かき混ぜ、サラダ油を少量回しかけている。できあがりにバターを合わせれば濃厚な欧風カレーのベースができる。

③は玉ネギの厚さが1ミリ程度。油の温度は120〜130℃にした。菜箸を入れて気泡が出てきたら玉ネギを投入。揚げる時間はおよそ15分で、ほぼキツネ色になったら完成だ。計量すると200グラムの玉ネギが52グラムになっていた。

この揚げ玉ネギに100㎖の湯を加え、粗熱を取ってからミキサーにかけペーストにするのが⑤。通常のカレーの作り方の中でこのペーストを用いれば、絶対的にうまくなるはずなのだが、意外や今一つポピュラーになりきれない。実にもったいない話である。

⑨の玉ネギをボイルしてからペーストにする方法は、玉ネギを繊維に垂直に切り（1〜1・5センチ幅）、湯でボイルする。そして茹で上がったら水50㎖を加えてミキシングし、鍋に入れて炒める。シャリシャリ感のないなめらかな玉ネギペーストのできあがりだ。

弱火でじっくり長時間かけて炒める手法が有効な場合もある。欧風カレーでは、バターを使って玉ネギの甘味だけを丁寧に引き出す。バターは発煙点が低いため、火を強めると玉ネギが十分に加熱される前にバターが焦げてしまう。インド料理と西洋料理のテクニックの違いは玉ネギ炒めにも現れているのだ。

短期決戦は強火でガンガン

以上は玉ネギを比較的ゆっくり炒める方法で、「弱火でじっくり1時間」よりはましだが、それでも30分前後はかかってしまう。ちなみにインド人はたいてい10分以上は炒めない。もちろん弱火などではなく強火でガンガン炒める。その理由は玉ネギの香ばしさに重点をおいているからだと推測している。

強火でガンガン攻め、一見すると焦げたようなのに、なぜか焦げくさくない。インド人は概して油をたっぷり使うので、焦がさずに火を通せるのかもしれない。

そこで本題だが、①の最初から最後まで強火で炒め、あめ色に達する裏ワザ（インドでは表ワザだが）、いやショートカット（近道）を披露したい。時間はわずかに15分。用意したのは粗みじん切りの玉ネギ200グラムにサラダ油大さじ3杯だ。

鍋を強火で熱して玉ネギを投入。5分経過する間に3回くらいざっくりかき回す。7分経つといくぶん忙しくなり、木べらを頻繁にかき回す。10分後、だいぶ茶色に色づいたところで、湯を50㎖投下。13分後、2度目の湯50㎖を加える。その間、木べらでまんべんなくかき回す。炒めはじめてから15分後、みごとにあめ色の玉ネギのできあがりだ。甘味は〝ゆっくり方式〟のほうに分がありそうだが、香ばしさなら〝スピード方式〟のほうに軍配が上がるだろう。

スライスにして炒めた玉ネギの色と量の変化

〈ウサギ色〉
玉ネギ
（北見 F1・糖度 7.8%）、
中玉2コ（400g）を
繊維に沿ってスライスし、
サラダ油大さじ2で
炒める。

↓

〈イタチ色〉
強火で8分後。
重さ250g。
糖度11.05%。

↓

〈キツネ色〉
強火で8分、
中火で8分後。
重さ170g。
糖度16.0%。

↓

〈タヌキ色〉
強火で8分、
中火で16分後。
重さ120g。

↓

〈ヒグマ色〉
強火で8分、
中火で16分、
弱火で10分後。
重さ80g。

玉ネギをみじん切りにして炒めたときの変化

玉ネギ（北見 F1）中玉2コ（400g）をみじん切りにし、
サラダ油大さじ２で炒める。

強火 2550kcal　中火 730kcal　弱火 350kcal　※使用したガスコンロ：ハーマン DW30F2JT ※使用した鍋：厚さ 3.4 ミリ／直径 18 センチ

2分後

↓

4分後

↓

6分後

↓

8分後

↓

10分後

↓

12分後

↓

14分後

↓

16分後

18分後

20 分後

22 分後

24 分後

26 分後

28 分後

30 分後

32 分後

34 分後

玉ネギをスライスにして炒めたときの変化

玉ネギ（北見 F1）中玉2コ（400g）をスライスにし、
サラダ油大さじ２で炒める。

強火 2550kcal　中火 730kcal　弱火 350kcal　※使用したガスコンロ：ハーマン DW30F2JT ※使用した鍋：厚さ 3.4 ミリ／直径 18 センチ

2分後

↓

4分後

↓

6分後

↓

8分後

↓

10分後

↓

12分後

↓

14分後

↓

16分後

↓
18分後

↓
20分後

↓
22分後

↓
24分後

↓
26分後

↓
28分後

↓
30分後

↓
32分後

↓
34分後

①粗みじん切りにして湯を加えながら炒める

中玉１コ（200 g）の
玉ネギを
サラダ油大さじ3で炒める。

強火で 10 分後。
湯 50㎖を加える。

湯を入れたとたん
色が深まる。

さらに強火で 3 分後。
湯 50㎖を加える。

さらに色が
深まる。

さらに強火で 2 分後。
重さは 72g。

②繊維に垂直にスライスし、炒める

中玉１コ(200g の玉ネギ)

調理方法：
サラダ油大さじ２で
強火５分、
中火5分炒める。

調理後の重さ：
87g

③繊維に垂直にスライスし、油で揚げる

中玉１コ(200g の玉ネギ)

調理方法：
120 ～ 130℃の油で
15 分揚げる。

調理後の重さ：
52g

④繊維に垂直にスライスし、オーブンで焼く

中玉１コ(200g の玉ネギ)

調理方法：
160℃のオーブンで
90 分焼く。
途中サラダ油大さじ１を
回しかけ、
30 分ごとに混ぜる。

調理後の重さ：
77g

⑤繊維に垂直にスライスし、油で揚げてからミキサーにかける

中玉１コ(200g の玉ネギ)

調理方法：
120 ～ 130℃の油で
15 分揚げ、
湯 100㎖を加えて
ミキサーにかける。

調理後の重さ：
130g

⑥四つ割り後、繊維に沿って厚めにスライスし、強火でサッと炒める

中玉１コ(200g の玉ネギ)

調理方法：
サラダ油大さじ２で
強火５分、
中火5分炒める。

調理後の重さ：
132g

⑦すりおろして炒める

中玉１コ(200g の玉ネギ)

調理方法：
サラダ油大さじ２で
強火５分、
中火5分炒める。

調理後の重さ：
70g

⑧繊維に沿ってスライスし、煮る

中玉１コ(200g の玉ネギ)

調理方法：
水 50mℓを加えて
強火５分、
さらに水 50mℓを加えて
中火５分煮る。

調理後の重さ：
145g

⑨ボイルしてペーストにし、炒める

中玉１コ(200g の玉ネギ)

調理方法：
400mℓの湯で
強火で５分茹で、
50mℓの水を加えて
ミキサーにかけ、
強火５分、中火5分炒める。

調理後の重さ：
86g

玉ネギ炒めの考察

カレーというと、いつだって炒めた玉ネギが問題になる。キツネ色がいい、いやあめ色まで炒めなくてはだめだ。弱火でじっくりがいい、いや強火で短時間のほうが香ばしい。揚げ句は淡路島の玉ネギが一番で、カレーの味は玉ネギ炒めのよし悪しで8割が決まってしまう——などと議論百出。正解を導き出すのは困難を極めるだろう。

玉ネギを加熱しても糖の量は変わらない

そこで、少しでも科学的な眼をもって真実に近づこうと、専門の研究者の意見を聞くことにした。訪ねたのは人間総合科学大学人間科学部の玉木雅子准教授だ。玉木先生は「玉ネギの加工や貯蔵中の成分変化」を主たる研究テーマにしていて、玉ネギを長時間炒めたとき、味や香り、色や糖質がどう変化するか、という問題に詳しい。最近は牛丼チェーンなどからも、玉ネギについての問い合わせがあるという。

さて、そんな「玉ネギ博士」に向かって、私は遠慮なく質問をぶつけてみた。最初の質問は、日本の〝カレー業界〟に根強い「あめ色神話」についてだ。

Q 「ずばり玉ネギは加熱すればするほど糖度が上がるって、ホントですか?」

誰もが疑問に思っていて、いまだに「?」のまま謎に包まれている核心的な質問だ。この謎が解けない限り、〝あめ色神話〟は半永久的に続くだろう。

A 「そんなことはないですね。生のままでもあめ色玉ネギでも、糖の量そのものは変わりません。炒めた玉ネギが甘く感じられるのは、水分が飛んで濃縮された分、甘みを感じやすくなっただけです」

玉木先生はあっけらかんとこう答えた。なんだか拍子抜けしてしまった。前から疑問に思っていて、それでいて経験上少しは感づいていたことなのだが……。

玉ネギはイチゴ並みに甘い

もともと玉ネギには甘味成分の糖類が含まれていて、その糖類の量は100グラムあたり5〜7グラム。野菜の中では断トツで、イチゴと肩を並べるくらいだという。

玉木先生は、こう続けた。

「生のときの辛味成分がなくなるから、相対的に甘味を感じやすくなる、ということもあります。いずれにしろ、加熱とかき混ぜることによって玉ネギの細胞組織が崩れ、甘味成分が外に出てくることで糖類が舌にふれやすくなる、ということはいえます」

玉ネギには辛味のもとになる硫黄化合物が含まれている。玉ネギを包丁で切ると涙が出るのはこの硫黄化合物が揮発するためで、加熱すると空気中に飛散したり分解したりする。しかし糖類は安定していて、炒めると辛味成分がなくなる代わりに甘味成分が残る、という構図らしい。

「聞くところによると、カレーの世界では辛い玉ネギのほうが甘くなる、といわれているようですね。その昔、玉ネギを炒めると辛味成分が甘味成分に変わる、とする論文が出たことがあるんです。これはのちに誤りだということがわかった。でもその後遺症なんでしょうか、いまだにこのことが〝常識〟としてまかり通っている」

なるほど、あめ色神話はそんなところから生まれたものかもしれない。

さて日本人が炒め玉ネギに求めるのは、ひとえに〝甘さ〟だが、インド人は玉ネギをスパイスの一種と見ているので、香ばしさやほのかな辛味を重視する。

「そんなに甘味がほしいなら、いっそ砂糖を入れてしまったら？」

玉木先生が思いもかけぬ直球を投げてきた。そういえば欧風カレーを売りものにしている店は砂糖やジャム、ハチミツなどを加えるところが多い。玉ネギを炒めているときに、同時にハチミツを加えて炒めるテクニックもある。

いろんな成分が複雑な〝甘味ワールド〟を形成

Q「砂糖やハチミツを加えるとほんとうにおいしくなるんですか？」

A「玉ネギを炒めていくと糖類の一部が別の物質に変わるんです。その一つがカラメルで、もう一つが糖とアミノ酸が反応することで生成されるメラノイジンという物質です。そこにハチミツの糖が加われば、より反応が促進されて一段と香ばしくなるでしょう」

あめ色になったときの風味が増し、おまけにカラメルとメラノイジンが甘い香りを醸し出してくれる。

「甘い香りが味を強調し、甘さをより強く感じるようになる」

というのが玉木先生の見解だ。それとももう一つ。先ほど辛味成分の話をしたが、加熱して分解した辛味成分の一部がシクロアリインという物質になる。このシクロアリインとグルタミン酸が混ざり合うと、コクが出るのである。玉ネギにはもともとグルタミンが含まれていて、加熱するとうま味の素となるグルタミン酸になる。

つまり、玉ネギを加熱するといろいろな成分が互いに反応し合い、香りやコクを出す。そして複雑な甘味ワールドを形成するのである。

もう一つの質問は、玉ネギ炒めを短縮するため、水を足しながら高温で炒めるという方法と、塩を加えて炒めるという変則ワザの効果測定だ。前者についてはすでに何度もふれている。

後者は私のよく使う裏ワザで、玉ネギを炒める際に塩も同時に加えてしまう。塩による脱水効果で、玉ネギがつぶれやすくなり、さらに素材のおいしさを引き立ててくれるだろう、という狙いである。この問いに対して玉木先生は、

A「塩をふると水分が外に出るから、その分だけ水分が飛びやすくなる。だから短時間で効率よく炒められることはたしかでしょう。水を足しながら高温で炒める方法には、焦げが防止されるというのと、全体に熱が回るので玉ネギが均一に炒められるという効果がある。それと表面の茶色くなった色素が全体に広まって、均等に褐変するという効果もあるでしょう」

実にわかりやすく解説してくれた。塩と水で玉ネギ炒めを短縮する方法が、「玉ネギ博士」のお墨付きを得たとなれば、裏ワザもついに堂々たる〝表ワザ〟へと出世したことになる。

加熱による成分の変化についてはひとまず解決をみたが、脱水によって味が濃縮したように感じられることは事実である。その場合は、一人前に何グラムの玉ネギを使用しているか、についても考慮する必要があるだろう。

炒め玉ネギの官能評価

A. 色

炒め時間	0	5	10	15	20	25	30	35	40	45	50	55	60	65	70
透き通る	○	○	○	○	○	○									
薄く色づく						○	○								
キツネ色								○	○						
あめ色									○	○					
黄金色											○				
茶色												○			
焦げ茶色													○	○	○
おいしそう			○						●	●					

B. 香り

炒め時間	0	5	10	15	20	25	30	35	40	45	50	55	60	65	70
玉ネギ臭	○	○	○	○	○										
甘い香り							○	○							
香ばしい									○	○	○				
焦げ臭												○	○	○	○
おいしそうな香り									●	●	○				

C. 食感

炒め時間	0	5	10	15	20	25	30	35	40	45	50	55	60	65	70
しゃきっとする	○	○	○	○	○	○									
歯につく		○	○	○	○	○	○	○	○	○	○	○			
かりっとする													○	○	○

D. 味

炒め時間	0	5	10	15	20	25	30	35	40	45	50	55	60	65	70
玉ネギ臭	○	○													
甘味		○	○	○	○	●	○	○	○	○	○				
酸味						○	○	○	○	○	○	○	○	○	○
苦味													○	○	○

○ 炒め玉ネギの官能評価で、パネル９人中７人以上が各サンプルに対して認めた項目
● 「最もおいしそうな色」「最もおいしそうな香り」「最も甘い」または「最もおいしい」に選ばれたサンプル

玉ネギの炒め時間と遊離糖

炒め玉ネギ中の遊離糖（生玉ネギあたりに換算）

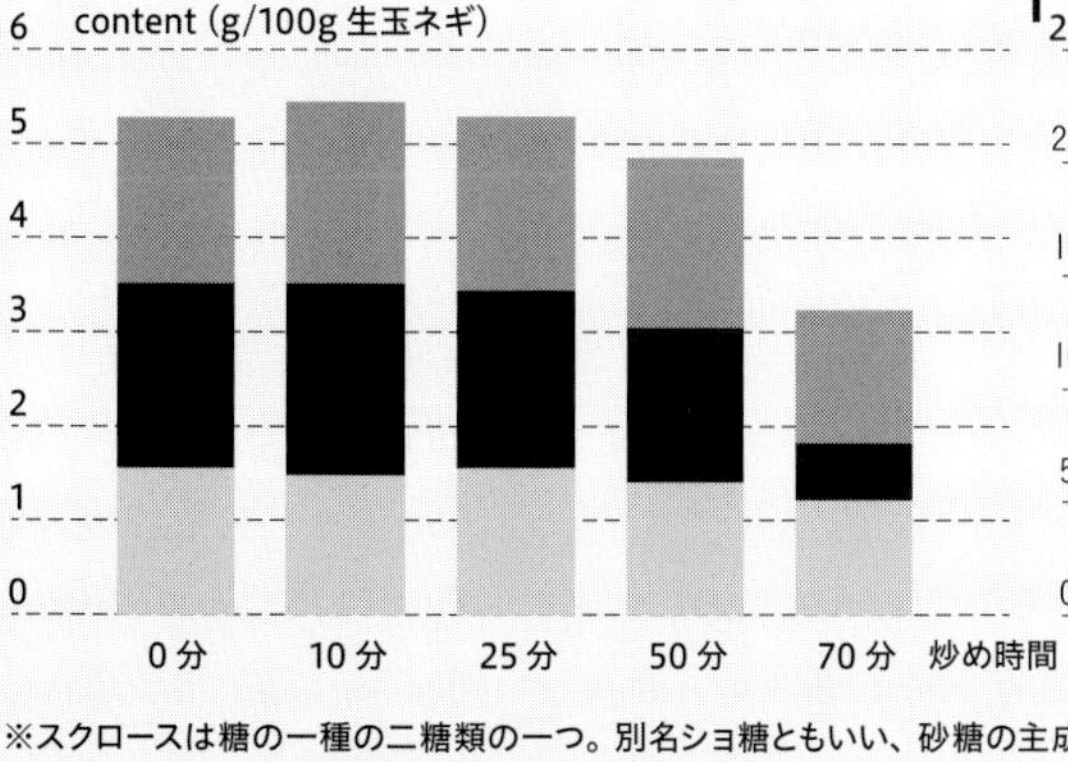

炒め玉ネギ中の遊離糖（サンプルあたりの含有量）

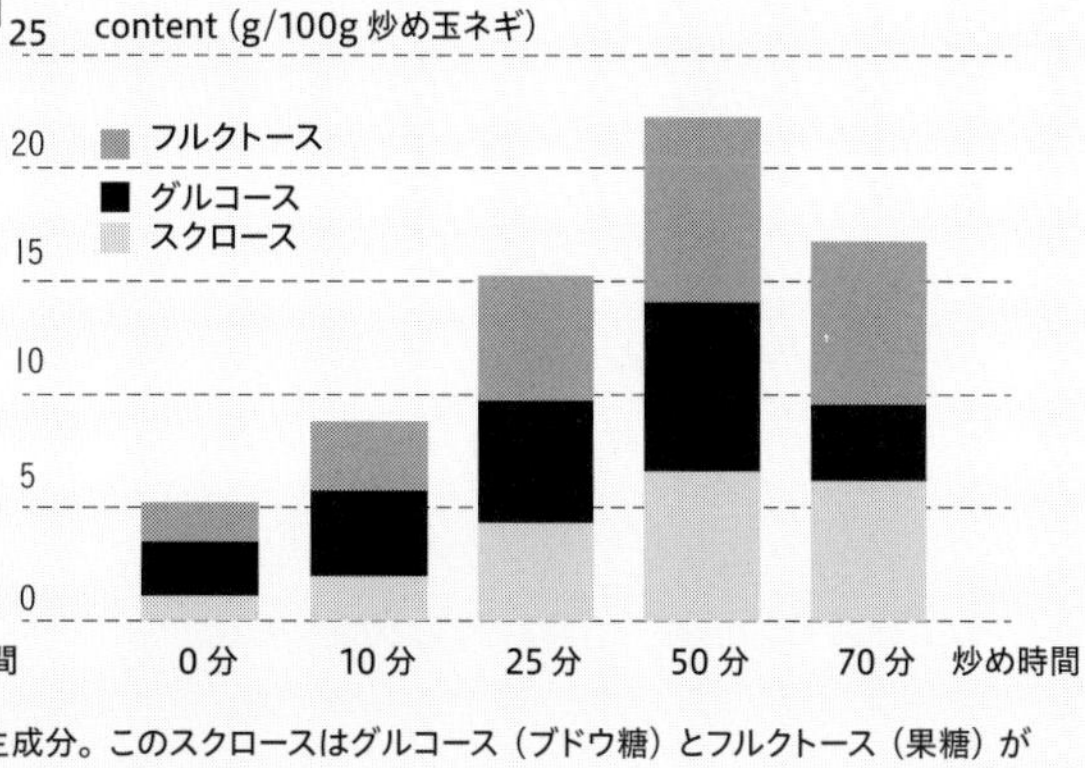

※スクロースは糖の一種の二糖類の一つ。別名ショ糖ともいい、砂糖の主成分。このスクロースはグルコース（ブドウ糖）とフルクトース（果糖）が結合したもので、高温で長時間加熱すると加水分解してグルコースとフルクトースに分かれる。
両者の混合物は転化糖と呼ばれ、甘味が強くなるのが特徴。

『長時間炒めたタマネギの味，香り，遊離糖，色の変化』玉木雅子，鵜飼光子（日本家政学会誌 Vol.54 NO.I 2003 年）より

Chapter

3-3

素材を生かす調理

正しい肉の加熱をカレーの世界に

日本のカレー業界はそれこそ百家争鳴で、肉の煮込み方一つにしても議論百出、それぞれがああでもないこうでもないと、テクニック論が飛びかっている。それらを批判するわけではない。が、カレーの世界にはほかのジャンルから学んだ新しい知見を、もっと大胆に注入していくべきだと思うのだ。

インドでは肉は生のまま鍋に放り込み、アクも取らず、最初から最後まで高温で調理し続けることが多い。そこには彼らなりの歴史や理屈があったが、正直、私は少し乱暴だなと思っている。アクはやはり取り除いたほうがいいいし、肉も生のままより表面を焼き固めてから投入したほうがいい。火加減にだって多少のデリカシーは必要だろう。

私が以前から考えていたのは、フランス料理の繊細な調理テクニックや知見をカレーに応用できないか、ということである。フランスには伝統的なフリカッセ（クリームシチューのような白い煮込み）の技術があるし、ポトフやブイヤベースだって広く世界に知られている。あるいはブッフ・ブルギニョン（牛肉の赤ワイン煮）のようにワインを使って風味豊かなソースを作る技術もある。これらの研ぎ澄まされ洗練された技術から学ばない手はないだろう。ジャンルを超えたボーダーレスの立場から、日本における〝理想的なカレー〟の姿や進化を自分なりに提案してみたいのだ。

そこで、そのヒントを得るべく、大阪は阿倍野の辻調理師専門学校を訪ねてみた。応対してくれたのはすでに幾度も登場している西洋料理専任教授三木敏彦先生だ。三木先生はフランス料理はもちろんエスニック料理にも造詣が深い。

肉の表面を焼き固めるリソレ

私はまず「リソレ」の必要性について聞いてみた。リソレとは肉の表面に強火で焼き色をつけることである。これは軽く炒めるというのとは違う。濃い焼き色をつけて香ばしさを出すのだ。うす茶色がつくくらいでは不十分で、表面がカリッとするくらい深く焼き込まなくてはいけない。こうすることによって煮崩れを防ぎ、うま味を肉の中に閉じ込める——とまあ、そういう理屈らしいのだが、私はそのことにいささか疑問を抱えているのである。

　というのはリソレしたあと煮込んでも、肉のうま味は煮汁のほうに流出してしまうと経験上感じているからだ。その思いをストレートにぶつけたら、

「フランスでは14世紀からずっとリソレしています。煮込む際には肉をリソレするというのが習慣化しているんです」

　フランスではリソレがごく当たり前のように行われている、と三木先生は言う。しかしこの古典的な手法による効果はすでに有名無実化しているともいう。多くの学者たちの実験によっても明らかにされているし、実際、肉の表面を強火で焼き固めても、とめどなく肉汁が流れ出ていってしまう。

「高温で焼き上げた肉にはしばしばルポゼ（焼いた肉を休ませること）が必要ですが、その休ませている間にもジュ（肉汁）は流れ出てしまいます。肉の表面に作った壁は流出防止の役割を果たしてはいないんです」

　三木先生は、だからといってリソレを否定しているわけではない。生で煮込むよりは少しは味が残っているような気がするし、焼き色のおいしさや香ばしさ、食感の重要性というものだってある。三木先生による正しいリソレのやり方は以下の３つである。

①フライパンを熱くする
②油を入れて熱する
③肉を静かに入れる

　火加減は中火〜強火。鍋の底から火口がはみ出さないくらいの火力が理想だという。

おいしい肉の焼き方

　さてここで少しばかり寄り道をする。フレンチにおける〝おいしい肉の焼き方〟をざっとおさらいしておきたいのだ。

　現代フランス料理では挽肉あり薄切り肉ありでさまざまな形状の肉が使われるが、そのルーツをたどると狩猟した肉を大きなかたまりで串刺しにし、火であぶることに始まっている。肉

リソレの狙いはいくつかあるが、大事にしたいのは、焼き目をつけた部分に香ばしい“うま味の素”が生まれる点。これが煮込み時にソース（スープ）に溶け出す。

は「かたまりで焼く」——これがフランスの食文化のベースになっている。

大きなかたまりで焼く〝意味〟とは何か。そこで得られるものは次の3つである。

① 柔らかな肉質
② ジューシー感
③ うま味のあふれたおいしさ

大きなかたまりだけに焼き方は一筋縄ではいかない。最も気をつけなくてはいけないのは、「いかに肉にストレスを与えずに焼くか」である。加熱するというのは、大なり小なりある種のダメージを肉に与えることだ。それが大きなかたまりになれば、焼き上がりにも時間がかかり、それだけストレスにさらされることになる。

私がカレーを作る際にいつも心がけているのは、大きなかたまりで焼くことだ。大きければ、それだけソフトでジューシーな肉質をたくさん確保できる。スーパーなどではカレー用に小さめのひと口大に切った肉をパックにして売っているが、あのサイズでは焼いているうちにうま味が流れ出てしまうし、煮込みもじっくり時間をかけてというわけにはいかない。

先ほどルポゼという用語が出てきた。焼いた肉を温かいところで休ませることだが、なぜ休ませるのかというと、肉汁を安定させ、しっとりとしたジューシー感を保つためだ。

理屈はこうだ。肉を焼き上げた瞬間は、肉汁が加熱によって激しく動いている。ここにナイフを入れたら、不安定な肉汁が一気に外へ流れ出てしまう。だが休ませれば、それまで沸騰して動き回っていた肉汁が徐々に落ち着き、肉繊維の隅々にまでゆきわたっていく。みずみずしさとうま味を保てるわけである。

フランス料理で肉を焼くときの付帯作業には、「リソレ」や「ルポゼ」のほかに「アロゼ」というのもある。アロゼとは焼いている途中の肉に油（通常は材料から出てくる脂）をかけることで、肉の表面の乾燥を防ぐために行う。

肉焼きにもさまざまな流儀がある

ついでだから、もう少しだけ肉焼きの技術にふれておくと、以上述べたリソレとアロゼとルポゼをすべて否定する料理人もいる。〝キュイッソン（加熱調理）の革命児〟と称されるアラン・パッサールだ。パリの三つ星レストラン「アルページュ」のシェフで、もう20年以上も前になるだろうか、いわゆる〝低温調理〟の一大ブームを巻き起こした。彼を評する言葉で有名なのは、次のようなものだ。

《肉自身が焼かれていることに気づかないうちに肉を焼き上げる》

彼とその部下たちは肉を焼くときにオーブンを使わない。では彼はどんなふうにして肉を焼くのか。これが実にシンプルで、天板の上で深鍋に入れた肉を少しずつ転がしながら焼くのである。火加減はあくまでとろ火。肉の中心温度は60～70℃を常に保つよう留意するという。というわけでキュイジニエ（肉焼き係）は肉に付きっきりとなり、焼成時間は平均して1時間半〜2時間。ときには3時間も肉の面倒を見ることがあるというから、まさに〝忍〟の一字だ。

寄り道をしてしまったが、肉を焼くだけでもフランスには多様な流儀があり、それぞれに緻密な理論の裏づけがある。どの方法が正しいという問題ではない。カレーにおいて、肉を煮込む前に焼く最大の狙いは、こんがりとした肉の表面から、香ばしいうま味がソースに溶け出すことではないかと私は考えている。

リソレしても肉はただ乱暴に煮込んでしまえばうま味が外に流れ出し、肉は抜け殻みたいに味気なくなってしまうが、肉のうま味を生かす方法はある。大きくは次の3つだ。

① 別鍋でソテーして、仕上げにソースとからめる
② 煮込んだあと常温で休ませる
③ 煮込む前にマリネする

シェフの中には煮込んだ肉を捨ててしまう者もある。うま味はすべてソースの中に流れ出ているからお役御免というわけだろうか。①の方法は、あらかじめ下味をつけた肉を別鍋でソテーし、余分な脂をぬぐってから食べやすいサイズに切り、煮込んだ鍋に加えるというやり方だ。ポイントはソースとからめたらすぐに器に盛って食べること。具として食べる肉とソースのだしを抽出するための肉を分けて使おうという、贅沢な考え方である。

②はすでにふれている。一度煮汁の中に流れ出たうま味をもう一度肉の中に取り込もうという方法だ。「一日おいたカレーは、煮込んだ当日のものより味がよくなる、というのはよくいわれています。常温において冷ますと肉とソースの味がよくなじんでくれるんですね」

おしなべて煮込み料理はみなそうです、と三木先生は言う。煮込みのおいしさは、この一度出ていってしまったエキスのおいしさが、出戻るみたいに再度肉と融合するところにある。エキスにあふれた煮汁は、さらに煮ることでほどよく煮つまり味を強めていく。そして肉とともに足並みを揃え、最後は渾然一体となって深い味わいをもたらしてくれる。

③のマリネもよくやる。インドでもヨーグルトやトマト、生玉ネギなどで鶏肉をマリネすることがあるし、私も豚肉を焼酎に漬け込むことがある。また「牛肉の赤ワイン煮」などでは牛肉を赤ワインとニンニク、塩のマリネ液にひと晩漬け込む。

「昔、ポール・ボキューズなんかがよくやっていたのが肉のかたまりに豚の背脂や岩塩、ニンニクなどをピケするやり方です。玉ネギにクローブなんかを刺すのもピケですね。さすがに今は、ニンニクなどを刺して風味をつけるくらいはしますが、背脂はもうしない。肉の質がよくなってきましたからね。ピケはもう必要なくなってきたんです」（三木先生）

アクも味のうちなのか

ところで、煮込む際のアクの処理だが、アクとうま味はいつも隣り合わせで、料理の世界では「アクも味のうち」などとい

われている。

フランス料理のシェフはよく「煮立った最初の黒っぽいアクは肉のくさみや血、雑味が混じったものだから、レードルでガバッと取れ」と言う。沸いたばかりの煮汁はまだほとんどうま味の出ていない状態なので、大胆に取り除けというのである。水はあとで足せばいい。

しかし、そのあと出てくる白いふわふわしたアクは神経質に取る必要はない。煮汁が濁ることもないし味に影響することもない、と彼らは言うのだ。そのことについて三木先生の意見はこうだ。

「素材のよし悪しにもよるでしょうね。ブレスの鶏（フランスのブレス地方で育てられた高級鶏）だったら脂だって香りがいい。逆にブロイラーだと独特のくさみがある」

インドでもマトン系の脂（ローガンと呼ぶ）はくさみが強いので捨てる、という話はすでにした。フランス料理でいうところのデグレッセ（余分な脂を取り除くこと）がそれである。

次に、煮込む際に鍋に蓋をするかしないか、という問題はどうだろう。インドでは基本的に蓋をせず、最後まで強火でボコボコやるが、フレンチでは一般にオーブンを使うから蓋をするケースが多い。直火で煮るのを〝風呂〟にたとえるなら、オーブンは全体に加熱する〝サウナ〟のようなもの、といえようか。直火よりおだやかに火が入るから、気をつかわずに済み、空いたガス台でほかの調理にも専念できる。

対してガス火は、熱源が一方にしかないため放っておいてはおいしく煮えない。煮汁に対流を作り熱を全体に回す必要があるので、基本的に蓋は外して煮るのがいいと考えている。

「ガス火の場合は、蓋を開けたまま水分を飛ばしたいですね。ピッタリ閉めるとアクもいっしょに対流してしまう。だからちょっと蓋をずらす。またオーブンを使うときも、沸騰するまでは直火。煮汁の表面に紙蓋をし、蓋をしてオーブンに入れる。でもカレーでこれをやるとたぶん焦げつきますね。蓋をしないのはポシェ（80〜90℃で静かに茹でること）です」

煮込み時に蓋をするかしないかについては、これといった決まりがあるわけではない。蓋を開ければ、雑味が飛ぶが、香りも抜けていく。素材の状態や煮汁の状態、どんな料理にしたいのかというイメージの問題でもあるので、これればかりは一概にはいえないようだ。

大鍋で煮込むとなぜうまいのか

煮込む際、インドはグラグラ煮ると言ったが、私はそのやり方には不承知である。グラグラ強火で煮たほうが乳化が進む、とあるインド人シェフは言っていたが、ほんとうだろうか。

乳化というのは、そのままでは混ざり合わない油と水とが一方が細かい粒になって他方の中に分散する形で混ざり合った状態をいい、乳化がスムーズに行われると煮汁の表面に浮いた油や脂などがなくなり、ソースの中に溶け込んでしまう。するとどうなるか。味が円みを帯びてくるのである。

フレンチの常識からすると、煮込みは「グラグラ煮立てない」が原則だ。強い火力で煮込むと煮汁が濁るだけでなく野菜などは煮崩れて食感がなくなってしまう。煮込みの火加減は強火にしないことが原則なのだ。つまりインドの原則に真っ向から反することになる。もっともカレーとシチューの違いもある。片や短時間で仕上げ、こなた長時間かけて仕上げる。インドカレーを長時間煮込んだら、スパイスの香りも何もみんな飛んでいってしまう。同じ煮込みでも同列には論じられないのだ。ただし互いに学ぶべき点はある。

「フランス料理の世界ではごく弱火で沸騰させないようにして煮込んでいく――これが原則ですね」

ポトフなど特に煮汁を透明に仕上げたいものなどは弱火でじっくり煮なくてはいけない、と三木先生は言う。煮汁の表面がさざ波のようにゆらゆらしている状態。もちろん温度は100℃に達していない。フランス料理の用語では「ミジョテ」というが、この状態を保つことがおいしく煮るコツだという。またむやみにかき混ぜない、というのも大事だ。混ぜると濁りのもとにもなるし、野菜などが煮崩れてしまう。ミジョテ状態であれば、煮汁に自然と対流が生まれ、素材のうま味が混ざり合ってくれる。

基本的に「蓋を開けて煮込む」のが私のオススメするカレーの煮込み方。そうすることで雑味を逃し、蒸気（水分）を飛ばして味わいを深めるのが狙いだ。

強火でグラグラ煮ることが乳化を促進させるという考え方には、やはり疑問が残る。

ところで、よく「大鍋で煮込むとおいしい」といわれる。ご飯だって一合二合炊くより、一升炊きしたほうがおいしいといわれるのと同じ理屈だ。対流がうまくいって温度が均一化するためかと思われるが、カレーを煮込む場合にはおそらく乳化も関係している。

乳化は煮ている際に出る気泡によって促進されるという。鍋で湯を沸かすと泡がプクプクと立ちのぼってくる。この泡が表面に出てくるまでに消えると、その際高周波を出すという。この高周波が水と油を融和させてくれるというのだ。

ゼラチンも乳化を促進させる

そのことが関係しているのか、乳化は浅い鍋より深鍋のほうが容易に進行するという。当然だろう。深い鍋のほうが煮汁の表面に立ちのぼってくるまでの距離が長く、必然的に途中で発生し、消えていく泡の数も多くなる。その分だけ高周波が発生し、乳化が進むという道理である。

また水量が多いほど乳化が進む、ということもいえる。水量が多く底の深い鍋なら水圧だって高くなる。当然ながら多くの泡が水圧でつぶされる。インド料理店、いや飲食店の多くが寸胴《ずんどう》鍋と呼ばれる円柱型の深鍋を使っているのは、知ってか知らずか、まことに理に叶ったことなのである。

煮込みは一日おいて冷めると煮汁がゼリー状に固まってくる。これを弱火でゆっくり温め直すと、前日に食べたものより一段とうま味が増しているように感じられる。煮汁もうまいし、肉にもしっかりうま味が滲みている。居酒屋などで穴子やカスベの煮こごりを食べることがあるが、濃厚なうま味があって酒の肴としては最高だ。関西の牛すじ煮込みなども同様で、すじ肉にたっぷり含まれているコラーゲンが長時間煮込むことでゼラチンに変わり、柔らかくなる。そしてこのゼラチンがやはり乳化を促進させるという。

ゼラチンに関してはビーフシチューなどでもいえることで、数時間じっくり煮込んだものが冷めれば、いわゆる煮こごり状になる。これは肉から十分なゼラチンができ、脂肪分と水との乳化を促進させたという証左でもある。

「フランス料理で乳化させるテクニックというと、いわゆるバターでモンテするというものでしょうか。ごく弱火でソースにバターを加えながらつないでいく。こうすると味がまろやかでリッチになり香りも高まる。健康志向なのか、最近はあまり流行りませんけどね……」と三木先生。

煮込み料理には、フランス料理がもっと素朴でシンプルだった時代の温もりが感じられる、と三木先生は言う。カレーも家庭の温もりを感じさせる料理だけに、フレンチの知見から学んだ多くを生かしていきたいと思う。

肉を煮込む上で重要なテクニック

煮込み前

下味をつける

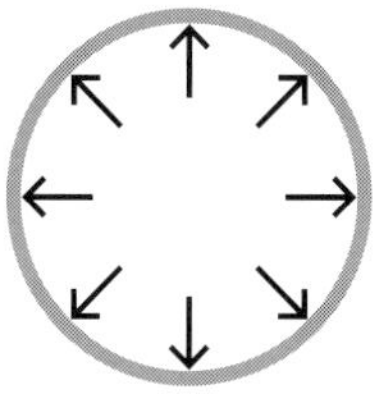

塩・コショウをふると、薄い味が濃い味へ移動してバランスをとろうとする。浸透圧の作用により、肉の中の水分が外に抽出される。

マリネする

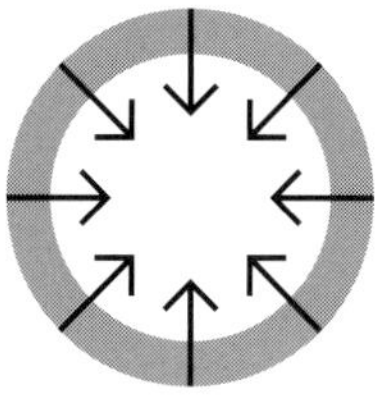

マリネの狙いは、風味つけと肉質の変化。

A：ワイン、ワインビネガーなど

肉質が中性から酸性に変化。
筋肉の繊維と繊維の間に隙間ができて保水性が高まる。

B：マンゴーやパイナップルなどの生のフルーツ

たんぱく質を分解させる酵素が働く。

リソレする

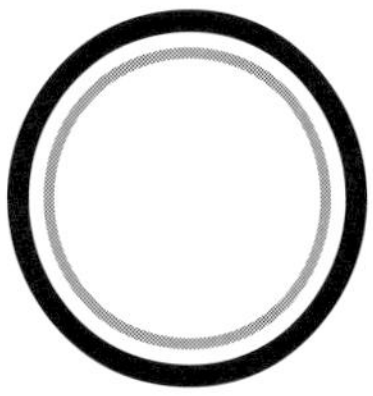

肉の表面が焼き固まり、香ばしいコクの素が生まれる。

●豚肉のリソレ
弱めの火でじっくり。

●牛肉のリソレ
強めの火で手早く。

煮込み中

煮込むことにより、肉質が柔らかくなり、肉のうま味が外に出る。リソレの香ばしいうま味の素はスープ（ソース）に溶け出す。

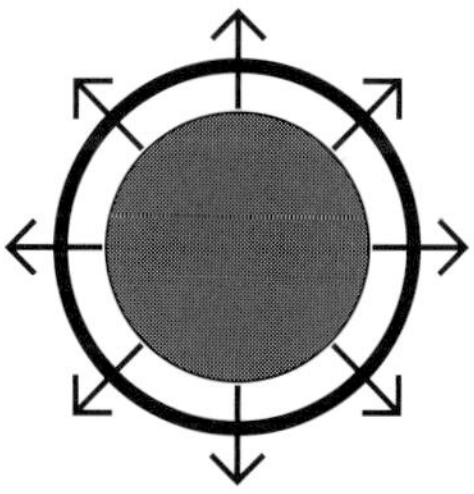

直火よりもオーブンで

●直火の場合……下火だけが当たる
→　鍋中の対流が強い。
→　焦げやすく、煮崩れしやすい。
●オーブンの場合……全体から加熱
→　鍋中の対流が弱い。
→　焦げにくく、煮崩れしにくい。

蓋を開けるか閉じるか

●蓋を開けた場合
雑味が飛び、煮つまって味が深まる。
●蓋を閉じた場合
隙間から少しずつ蒸気が漏れる。
※いずれも鍋中の温度は100℃以下。

●蓋を密閉した場合*
小麦粉で作る生地などで目張りしてオーブンで加熱。
→煮込み時に圧力がかかる。
※鍋中の温度が高くなるため、コラーゲンがゼラチン化し、肉質が柔らかくなる。

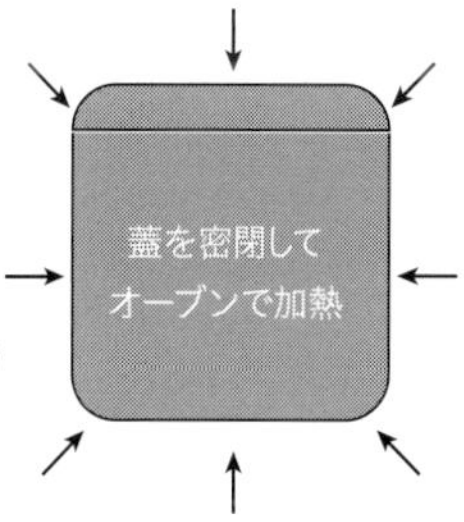

煮込み後

●保温する（もしくは冷ます）
ソースの中で肉を保温して寝かせる。
ソースの味が肉に染み込む（戻る）。

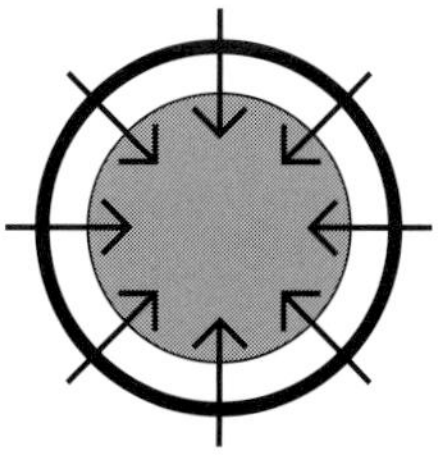

＊小麦粉を使ったカレーの場合は、焦げやすいので注意。

Chapter

4

カレーの応用

ゴールデンルールを知り、システムカレー学の理論さえわかってしまえば、
白いカレーも黒いカレーも、そしてまたコクのあるカレーも、
絵の具のパレットで色を調合するみたいに自由自在に作ることができる。
さあいよいよ理論の実践と応用編だ。

第2章ではカレーの「ゴールデンルール」と「システムカレー学」について学んだ。ゴールデンルール（50頁参照）とは、「スパイスで作るカレーにおいては、すべて①〜⑦の順番によって作られる。それは欧風カレーやタイカレーとて例外ではない」というルールである。

システムカレー学はゴールデンルールに則り、仕上がりの色や香り、とろみなどを自在にコントロールし、イメージしたとおりのカレーを作り上げるという技術である。

自分流のレシピを作ろう！

たとえば「とろみ」の強いカレーが作りたいとする。ルゥを使えば難なくできるが、カレー粉やスパイスの場合は小麦粉とバターを組み合わせればいいし、カレー南蛮うどんだったら水溶き片栗粉を使えばいい。これがインドならカシューナッツやアーモンドのペーストや生クリームを使うだろうし、ジャガイモのような煮崩れしやすい野菜を選べばでんぷん質がおあつらえ向きのとろみを出してくれる。

あるいは酸味とうま味がほしい場合はどうか。トマトを煮込めばコクやうま味が強くなり、生に近い状態を残せば酸味の強いカレーとなる。もっと深みのあるコクがほしいとなれば、生クリームや牛乳、バター、チーズを使えば威力は絶大だ。

色はどうか。黄色っぽいカレーで、味はやや軽め、とろみのないシャバシャバしたカレーがほしい——こんなカレーを作るためにはどんなスパイスを使い、玉ネギやニンニク・ショウガの刻み方はどうするか、火加減はどうするか、瞬時に計算する。そう、カレーはシステマティックに論理的に作れるし、数学のようにほぼ公式どおりに答えが出る。

レシピの中にある「タイカレー」では、色を緑にするよう計算されている。グリーンの色は主に青唐辛子の担当だが、これだけだといかにも辛すぎる。こんなとき、日本ではホウレンソウを使って青みを補うのだが、いかんせん香りがない。私はスウィートバジルと香菜を使い、香りと色味を補正した。ペーストを炒める際にも、炒めすぎに気をつけた。茶色がつくのを恐れたのだ。

このように、ある〝法則〟さえ理解してしまえば、スパイスを粉にするかホールにするか、玉ネギとG&Gの刻み方はどうするか、火加減や加熱時間はどうするか、といった諸条件を瞬時に計算できる。

カレーはレシピどおりに作れば誰にでもできる。しかし、ただ漫然とレシピをなぞるだけではつまらない。大切なのは作り始める前に仕上がりのイメージを明確にもって、作りたいカレーをコントロールすることだ。素材のチョイスや形状、加熱やタイミングが完成形を左右する。ゴールデンルールとシステムカレー学さえ頭にたたき込めば、それは可能だ。第4章は理論の実践編である。

カレーのメニュー解説

128頁からのカレーは、すべて第1章から第3章までの論理をふまえたレシピである。実践に移る前に、それぞれのカレーについて、その特徴を紹介する。また〔作り方〕の番号は、GR ①〜⑦に対応している。カレー作りの参考にしてもらいたい。

❶ビーフカレー

私のイメージする最もオーソドックスな欧風カレーがこれ。ムダをぎりぎりまで削ぎ落とし、スリムにした分だけクオリティが高い。フォンドボーも効いているが、味を深めるアイテムとしてリンゴや白ワインなどのペーストが効いている。さらにココナッツフレーバーのミルクとマンゴーチャツネがコクと酸味を加えている。何でもてんこ盛りというレシピではないが、昔懐かしい心の落ち着くカレーをめざした。

❷欧風カレー

ゴールデンルールアレンジ

ひと口目からガツンとくる味。❶のビーフカレーに比べると材料が多い分だけ、「これは何の味?」と一瞬頭を混乱させるような複雑な味わいがある。例の“複雑なものはおいしい”という法則だ。味のポイントは牛肉を香味野菜といっしょに赤ワインに漬け込み、その野菜をペーストにして炒めているところだろうか。ジャムとチョコレートは深い色味を出すためのかくし味として加えている。

❸エビカレー

これも日本人が食べやすいカレーだ。インド式ではなく小麦粉とカレー粉でルゥを作る。だしは大正エビの頭と殻を炒め、コニャックと白ワインを加え、さらに市販のアメリカンソースを加えてシノワで漉している。カレーの性格を決定づけているのは、この濃厚なエビだしのソースだ。ソースはシノワで漉すことで、粒々のザラッとした感じがなく、至極なめらかに仕上がっていて、味わいの印象を大きく変えている。

❹キーマカレー

バターと小麦粉とカレー粉を炒めてルゥを作るのは、昔の洋食屋さんのやり方。市販のデミグラスソースとカレーソースを合わせることで、とろみとコクの強いカレーをめざした。弾力のある肉の食感を楽しむため、あえて挽肉は使わず牛肉を粗めに切っている。ラム酒漬けレーズンや赤ワインは奥深い味を狙ったもの。マッシュルームなどいろいろな味が混じり合い、一種複雑な味に。

❺カレー丼

材料はまことにシンプル。食べやすい香りを前提に考えた。だし汁とめんつゆが味のベースで、これらを加えるだけで、とたんにそば屋さんで出てくるカレー南蛮の味わいが生まれるから不思議だ。ただ、それだけでは芸がないので、干し椎茸とその戻し汁でうま味を重ねている。とろみは小麦粉と片栗粉の2段構え。小麦粉だけだとドロッとしたとろみになるが、片栗粉を入れると照りも出てプルンとなめらかになってくる。

❻タイカレー

ゴールデンルールアレンジ

典型的なタイのカレー。市販のタイカレーペーストを使ってもいいが、自家製のほうが断然うまい。タイ式カレーはGRでいう①〜④の工程をペーストにすることで一息にやってしまうところに特徴がある。グリーンの色味は主に青唐辛子（タイ人はこの分量の倍を使う）のものだが、これだけだと辛すぎるのでバジルと香菜の助けを借りた。そしてココナッツミルクとナムプラーを加えれば、たちまちタイ料理っぽい香りに包まれる。

❼野菜カレー

意図的にレモン色のカレーを作った。粉のスパイスは茶色く濁るのでシードを使い、トマトの代わりにヨーグルト、玉ネギもしんなり透明になるくらいであげている。もしもターメリックを使わなければ、ホワイトカレーになるはずだ。ヒングというのは樹皮を乾燥させたもので、硫化物が含まれていて油で炒めるとうま味が出る。味のポイントはGRの②と③を一気にやってしまうココナッツペーストだろうか。

❽チキンカレー

炒め玉ネギは使わない。ただしフライドオニオンがホールトマトとともにペーストにされている。濃厚なトマトソースのできあがりだ。具材はマリネして6時間おき、オーブンで焼くという方式。余計に手間をかけた分、鶏肉にしっかり味が入っている。発酵バターに生クリーム、粉チーズにハチミツ、そしてカシューナッツソースと、濃厚なコクと酸味を演出する材料が盛り沢山という感じ。“濃厚こってり派”にはこたえられない一品だ。

❾ポークカレー

インド・ゴア州のポークビンダルーをアレンジ。ふつうは酢を大量に使うのだが、ここでは酢の代わりに梅酒を使っている。酢をどっさり入れるより、ふくよかな香りが立つからだ。ビンダルーの真骨頂は辛さと甘さと酸っぱさのバランスだ。豚肉は玉ネギやスパイスでマリネし、マリネ液ごと鍋に入れて炒めていく。紫玉ネギとふつうの玉ネギの2種類を使い、テクスチャーの違いを楽しんでもらう。

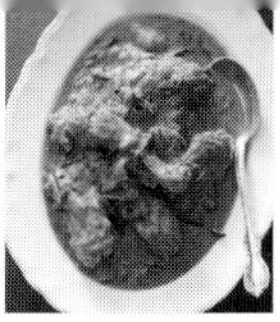

❿インドカレー

ゴールデンルールアレンジ

基本のチキンカレーはシンプルだけどやや素っ気ないので、ホールスパイスやパウダースパイスだけでなく、材料を倍以上に増やし、より深い味をめざしている。とりわけホールスパイスが7種類と多く、青唐辛子や香菜などフレッシュのスパイスを加えて、香りに厚みをもたせているのが特徴。香菜は根っこを刻んでスパイスとして使っている。ウラドダルは南インドで使われるひき割り豆で、油で炒めるとちょっとクセのある香りを出す。

⓫マトンカレー

マトンは風味が強いので、ホールスパイスはそれをマスキングするカルダモン、クローブ、シナモンという、肉料理と相性のいい組み合わせを採用している。このレシピの特徴はスパイスエキスを仕上げの香りに使っているところ。ガラムマサラやテンパリングで仕上げるよりも、多少苦めにすることで、マトンの匂いとバランスをとっている。ヨーグルトベースですっきりした味わいを残しているのも特徴。

ビーフカレー

郷愁をそそる洋食屋さんの欧風カレーというのがこれ。
とりたてて派手さはないし、印象に残らないカレーかもしれないが、
シンプルな分だけ奥が深く食べ飽きない。
日本人に愛され続けるカレーの最右翼というべきか。

ココナッツフレーバーミルク(下準備❸)を作る。香ばしく煎ったココナッツファインの香りが牛乳に溶け出す。

ペーストを加えて炒める(作り方②)。ニンニク、ショウガの青くさい香りがなくなるまでキッチリ水分を飛ばしながら炒める。

カレー粉と小麦粉が混ざった状態(作り方④)は、水分がほとんど抜けてボソボソとしている。ここまでキッチリ加熱したい。

【作り方】

1. 鍋に紅花油を中火で熱する。
2. 玉ネギを入れてあめ色になるまで炒める。ペーストを加えて水分がキッチリ飛ぶまで炒める。
3. トマトピューレを加えて水分を飛ばすように炒め、バターを溶かし混ぜる。
4. カレー粉と塩を加えて炒め、小麦粉をふるいにかけながら加えてボソッとするまで炒める。
5. チキンブイヨン、ココナッツフレーバーミルク、フォンドボーの順に加え、その都度煮立てる。マンゴーチャツネとブーケガルニを加える。
6. 牛肉を加えて煮立て、軽くアクを取り除き、弱火で2時間ほど煮込む。
7. ガラムマサラを混ぜ合わせる。

【材料・6〜7人分】

牛肩ロース肉……600g
紅花油……大さじ2
玉ネギ……1個
ペースト用
・ニンニク……2かけ(20g)
・ショウガ……2かけ(20g)
・ニンジン……½本(80g)
・リンゴ……½個(150g)
・白ワイン……50mℓ
トマトピューレ……大さじ1
バター……30g
カレー粉……20g
塩……小さじ1
小麦粉……10g
チキンブイヨン(P.150参照)
……800mℓ
ココナッツファイン……30g
牛乳……200mℓ
フォンドボー……30g
マンゴーチャツネ……大さじ1
ブーケガルニ……1袋
ガラムマサラ……小さじ¼
●塩・コショウ

【下準備】

❶玉ネギはみじん切りにする。ペースト用の材料をすべてミキサーでペーストにする。
❷牛肉は小さめのひと口大に切り、塩・コショウをふってフライパンで表面全体に焼き色をつけておく。
❸ココナッツファインを乾煎りして牛乳を注ぎ、弱火で沸騰直前まで煮る。ざるで漉し、ココナッツフレーバーミルクを作っておく。

欧風カレー（ゴールデンルールアレンジ）

高級ホテル内のレストランのカレーをイメージ。
マリネ液に漬け込んだ香味野菜のピューレを
油で炒めるところがポイント。
色あくまで濃く、味あくまで深い。
チョコレートやジャムのかくし味も狙いどおりの効果を発揮。

牛肉と香味野菜を赤ワインでマリネする（下準備❶）。ブルゴーニュワインがおすすめ。じっくり時間をかけて漬け込みたい。

マリネした牛肉をリソレする（下準備❶）。表面を手早くキッチリ焼いて香ばしさを立てると、煮込んだときにうま味に変わる。

野菜のピューレを加えて炒める（作り方②）。ニンジンの赤い色が全体になじんで茶色に変わるくらいまでしっかりと炒める。

【作り方】

① 鍋に紅花油を中火で熱し、ホールスパイスを入れて炒める。

② 玉ネギを加えてキツネ色になるまで炒める。バターを加え、❶の野菜ピューレを加えて炒める。

③ ❶のマリネ液を加え、さらにトマトピューレを加えて水分が飛ぶまで炒める。

④ 火を弱めてカレー粉と塩を混ぜ合わせ、小麦粉をふるいにかけながら加えて炒める。

⑤ チキンブイヨンを加えて煮立てる。

⑥ ジャムとチョコレートを混ぜ合わせ、牛肉とマッシュルーム8個を加える。弱火で2時間ほど煮込む。

⑦ ❸のショウガの搾り汁を加える。

【材料・6～7人分】

牛肩ロース肉……600g
マリネ材料
・ニンジン……60g
・セロリ……10センチ（30g）
・ニンニク……2かけ
・ブーケガルニ……1袋
・赤ワイン……300mℓ
マッシュルーム……12個
玉ネギ……1個
ショウガ……30g
紅花油……大さじ2
ホールスパイス
・クミンシード……小さじ½
バター……30g
トマトピューレ……大さじ3
カレー粉……25g
塩……小さじ1弱
小麦粉……大さじ1（10g）
チキンブイヨン（P.150参照）……500mℓ
ブルーベリージャム……大さじ1
チョコレート……15g
●紅花油

【下準備】

❶牛肉を大きめのブロックに切る。マリネ材料のニンジン、セロリはともに縦に4等分してから薄切りにする。ニンニクはつぶす。ボウルにマリネ材料をすべて混ぜ、牛肉を漬け込んで6時間ほど（できれば二晩）冷蔵する。フライパンに紅花油少々を熱し、牛肉を水分を拭き取って炒め、表面全体が色づいたら取り出しておく。残ったマリネ材料は目の粗いざるで漉す。漉した野菜とマッシュルーム4個をミキサーに入れ、マリネ液を適量加えて野菜ピューレを作る。
❷玉ネギはみじん切りにする。
❸ショウガはすりおろして、搾り汁を取っておく。

エビカレー

大ぶりの大正エビがたっぷりのゴージャスな欧風カレー。
味の決め手はエビの頭と殻を炒めて抽出した濃厚なエキスだ。
ここにはフレンチではおなじみの
ソース・アメリケーヌの技術がさりげなく使われている。

【材料・6～7人分】

エビだしのソース
- 大正エビの頭と殻……10尾分
- アメリカンソース……100mℓ
- オリーブ油……大さじ2
- コニャック……大さじ1
- 白ワイン……150mℓ

玉ネギ……½個（100g）
ニンニク……15g
ショウガ……15g
ニンジン……75g
セロリ……50g
ホールトマト……250g
大正エビ……15尾
ターメリックパウダー……小さじ1
レモン汁……大さじ1
エリンギ……3本
オリーブ油……大さじ3
カレー粉……25g
小麦粉……20g
塩……小さじ1½
湯……300mℓ
粒マスタード……大さじ1
白ワイン……100mℓ
生クリーム……50mℓ
レモン汁……大さじ1
カレーリーフ……10枚
●オリーブ油

【下準備】

❶エビだしのソースを作る。フライパンにオリーブ油を熱し、エビの頭と殻を入れて炒める。コニャックと白ワインを加えてアルコール分を飛ばす。アメリカンソースを加えて弱火で10分ほど煮、目の粗いざるで漉す。生ぐささが出るので、押さえつけない。
❷玉ネギ、ニンニク、ショウガ、ニンジン、セロリは細かくみじん切りにしておく。ホールトマトはミキサーでピューレにしておく。
❸大正エビの背に切り込みを入れて背ワタを取り除き、ターメリックとレモン汁をもみ込んでおく。エリンギを縦半分に裂いて3センチ幅に切る。

【作り方】

① 鍋にオリーブ油を熱する。

② 玉ネギ、ニンニク、ショウガ、ニンジン、セロリを入れてこんがりするまで炒める。

③ カレー粉と小麦粉を加えてよく混ぜ合わせ、150℃のオーブンで蓋をせず、10分おきにかき混ぜながら、20分間加熱する。

④ 塩とホールトマトのピューレを加えて水分を飛ばすように炒める。エビだしのソースを加えて混ぜ合わせる。

⑤ 湯を加えて20分ほど煮て、目の粗いざるで漉してソースを鍋に戻す。

⑥ フライパンにオリーブ油適宜を熱し、エビとエリンギをソテーして、粒マスタードと白ワインを加えてアルコール分を飛ばす。鍋に加え、生クリームを混ぜ合わせて少し煮る。

⑦ レモン汁を混ぜ合わせる。フライパンにオリーブ油少々を熱し、カレーリーフを炒めて鍋に混ぜ合わせる。

エビだしのソースを作る（下準備❶）。エビの頭は、殻の中に入ったディップ（液）を捨ててから炒めると、えぐみが出にくい。

カレー粉と小麦粉を加えてオーブンで焼く（作り方③）。水分がほとんど飛んでポロポロとしたカレーの素ができあがる。

フライパンで炒めた具を加えて煮込む（作り方⑥）。煮込みすぎないことがポイント。エビはプリッとし、エリンギはアワビのような食感に。

キーマカレー

あえて挽肉は使わない。牛肉をレーズンやマッシュルームと
同じサイズに切るところがポイントだ。
弾力のある肉の食感が楽しめるだけでなく、いろいろな味が口中に混ざり合う、
ある種“複雑な味”を楽しめる。

カレーソースを作る（下準備❶）。小麦粉とカレー粉の粉っぽさが完全に飛ぶまで炒めると、仕上がりはねっとりした感じになる。

デミグラスソースを加える（作り方③）。中火で炒め煮する。全体をよく絡め合わせるのが狙いだが、焦がさないように注意。

クレソンを混ぜ合わせる（作り方⑦）。濃厚なカレーにはすっきりしたフレッシュスパイスを加えてバランスをとる。

【作り方】

1. 鍋に紅花油を中火で熱し、ベイリーフを入れて炒める。
2. 玉ネギを加えてほんのり色づくまで炒める。
3. ホールトマトを加えて水分を飛ばすように炒め、デミグラスソースを加えて炒める。
4. カレーソースを加えてよく混ぜ合わせる。
5. チキンブイヨンを加えて煮立て、ジャムを加えて混ぜ合わせる。
6. 牛肉とマッシュルームを赤ワインの汁とともに加えて煮立て、火を弱めてアクを取る。中火で水分を飛ばすように煮詰め、レーズンを加えてサッと煮て塩で味を調整する。
7. クレソンを混ぜ合わせる。

【材料・6～7人分】

カレーソース	
・バター	30g
・小麦粉	20g
・カレー粉	25g
玉ネギ	1個
牛肉	500g
ブラウンマッシュルーム	10個
赤ワイン	100mℓ
紅花油	大さじ2
ベイリーフ	1枚
ホールトマト	300g
デミグラスソース	100g
チキンブイヨン（P.150参照）	200mℓ
アプリコットジャム	大さじ2
ラム酒漬けレーズン	50g
塩	小さじ1強
クレソン	25g
●塩・コショウ・バター	

【下準備】

❶カレーソースを作る。フライパンにバターを中火で熱し、小麦粉をふるいながら加えて炒める。黄金色に色づいたらカレー粉を加えて、濃い茶色になるまで炒める。
❷玉ネギはみじん切りにする。クレソンはザク切りにする。
❸牛肉は粗めに切って塩・コショウをふる。マッシュルームは小さく刻む。フライパンにバター少々を入れて牛肉を炒め、表面全体が色づいたらマッシュルームを加えて炒め、赤ワインを注いでアルコール分を飛ばす。

カレー丼

材料も作り方もまことにシンプル。だし汁とめんつゆが加わった途端、
そば屋さんのカレー丼のイメージが彷彿としてくる。
お手軽だが味はしっかりついている。ご飯だけでなく、そばやうどん、
パスタでもよしの活殺自在が身上。

玉ネギを加えて炒める(作り方①②③)。具として食べるための玉ネギなので、しんなりする程度まで炒めて形をしっかり残す。

カレー粉と小麦粉を加えて炒める(作り方④)。玉ネギを炒めたときに表面に浮いた油に粉をなじませるような感覚で炒める。

椎茸を戻し汁ごと加える(作り方⑤)。かつお節メインのだし汁に加えて、スープのうま味を重層的にする。

【作り方】

①②③ 鍋に紅花油を中火で熱し、ニンニク、ショウガを入れてサッと炒め、玉ネギを加えてしんなりするまで炒める。

④ カレー粉を加えて炒め、さらに小麦粉を加えて炒める。

⑤ だし汁とめんつゆを加えて煮立て、戻した椎茸を汁とともに加え、15分煮る。

⑥ 合鴨肉を加えて15分ほど煮て、水溶き片栗粉を加える。中火で5分ほど煮て、とろみをつける。

⑦ みつばを混ぜ合わせる。

【材料・6～7人分】

玉ネギ	2個(400g)
ニンニク	1かけ(10g)
ショウガ	1かけ(10g)
みつば	½カップ分
合鴨肉	250g
干し椎茸	2g
水	50mℓ
水溶き片栗粉	
・片栗粉	大さじ2
・水	大さじ2
紅花油	大さじ3
カレー粉	大さじ2(20g)
小麦粉	大さじ1(10g)
だし汁	500mℓ
めんつゆ(3倍希釈タイプ)	100mℓ

【下準備】

❶玉ネギは厚めのスライス、ニンニクとショウガはみじん切りにする。みつばはザク切りにする。
❷合鴨肉はそぎ切りにする。
❸干し椎茸は、分量の水で戻しておく。
❹片栗粉は分量の水に溶いておく。

タイカレー（ゴールデンルールアレンジ）

タイカレーの典型がこれ。昔はココナッツミルクを煮出し、
そこにペーストを入れたものだが、
今はペーストを油で炒めるのが主流だ。
どうやってグリーンの色を鮮やかに出すか、
というのもこのカレーのもう一つのテーマ。

【材料・6～7人分】

グリーンカレーペースト
- ・プリッキーヌ……30本
- （青唐辛子……20本）
- ・ホムデン……4個
- （小玉ネギ……40g）
- ・ニンニク……3かけ（30g）
- ・カー……2かけ
- （ショウガ……2かけ・20g）
- ・レモングラス……1本（20g）
- ・香菜……2株（15g）
- ・スウィートバジル……10枚
- ・クミンシード……小さじ½
- ・ブラックペッパー……小さじ¼
- ・ナツメグパウダー…ふたつまみ
- ・コブミカンの皮……少々
- ・カピ……小さじ1

ココナッツミルク（缶詰）…500mℓ
鶏もも肉……150g
ナス……3本
シシトウ……8本（30g）
ミニトマト……8個（100g）
コブミカンの葉
（バイマックルー）……6枚
紅花油……大さじ2
湯……200mℓ
砂糖……大さじ1
ナムプラー……大さじ3
スウィートバジル……10枚

【下準備】

❶グリーンカレーペーストの材料をミキサーにすべて入れ、ペーストにする。
❷ココナッツミルクの缶詰はふらずに開け、固形化した部分と水分とに分けておく。
❸鶏もも肉とナスはひと口大に切り、シシトウは縦に切り込みを入れ、ミニトマトは半分に切る。バイマックルーは、ちぎって中央の葉脈を取り除いておく。

【作り方】

① 鍋に紅花油を中火で熱する。

②③④ グリーンカレーペースト大さじ3を入れて香ばしい香りが立つまで炒める。炒めすぎて緑色が飛んでしまわないように注意。ココナッツミルクの固形化した部分を加えて炒める。

⑤ 湯を注いで煮立て、ココナッツミルクの残りを加えて煮る。

⑥ 鶏肉とナス、砂糖、バイマックルー、ナムプラーを加えて火が通るまで煮る。シシトウとミニトマトを加えて煮る。

⑦ スウィートバジルを混ぜ合わせる。

カレーペーストを作る（下準備❶）。少量の水を加えるといい。カピが手に入らなければ、イカの塩辛で代用することもできる。

カレーペーストを炒める（作り方②～④）。炒め方が弱いと青くささが残る。炒めすぎるときれいな緑色が出ないので注意。

ココナッツミルクを加えて煮る（作り方⑤）。弱めの火で鍋中をかき混ぜながら、全体がなじむまで煮る。

野菜カレー

レモン色のカレーを作りたい――テーマはこれだ。
だからトマトは使わないし、玉ネギもあめ色まで炒めない。
コリアンダーも粉ではなくホールのまま。意識的に色のつくものを避け、狙いすましたら
こんなカレーになった。

ココナッツペーストを作る（下準備❷）。カシューナッツのコク、ココナッツの風味、青唐辛子の香りや辛味が混ざり合う。

ホールスパイスを炒める（作り方①）。煮込めば柔らかい香りが加わるが、色味が濁りにくいのが特徴。

ターメリックなどを加えて炒める（作り方④）。少し多めの量を加えるため、しっかり炒めることで粉っぽさと土くささをなくす。

【作り方】

① 鍋に紅花油を中火で熱し、マスタードシードと赤唐辛子を入れて蓋をして炒める。パチパチとはじける音がおさまったら、蓋を取ってクミンシードとヒングを加えて炒める。

② 玉ネギを加えてしんなりするまで炒める。

③ ヨーグルトをざっと混ぜ合わせて炒める。ココナッツペーストを加えて炒める。

④ ターメリックとカスリメティ、塩を加えて炒める。

⑤ 牛乳を加えて煮る。

⑥ カリフラワーを加えて蓋をして、弱めの中火で20分ほど煮る。

⑦ ショウガのせん切りを混ぜ合わせる。

【材料・6～7人分】

玉ネギ	大1個
カリフラワー	1株
ココナッツペースト	
・コリアンダーシード	大さじ1
・カシューナッツ	30g
・ココナッツロング	30g
・ニンニク	1かけ
・ショウガ	1かけ
・青唐辛子	2本
・香菜の根	2株分
・牛乳	100mℓ
ショウガ	適宜
紅花油	大さじ3
ホールスパイス	
・マスタードシード	小さじ½
・赤唐辛子	2本
・クミンシード	小さじ1
・ヒング	小さじ⅛
プレーンヨーグルト	100g
ターメリック	小さじ1
カスリメティ	大さじ1
塩	少々
牛乳	400mℓ

【下準備】

❶玉ネギは薄切りにする。カリフラワーは小房に分ける。
❷ココナッツペーストを作る。コリアンダーシードとカシューナッツを乾煎りする。別の鍋でココナッツロングを乾煎りする。ココナッツペーストのすべての材料をミキサーでペーストにする。
❸ショウガはせん切りにする。

チキンカレー

これでもかというほど濃厚こってりなバターチキン。
炒め玉ネギを使わず、よりコクとうま味の出るフライドオニオンを使っている。
具材はマリネしてオーブンで焼くという、凝りに凝ったもの。
トマトソースの酸味が効いている。

鶏肉をマリネする（下準備❶）。理想の漬け込み時間は48時間程度だが、一晩でも十分に味や香りは肉に染み込む。

カシューナッツソースを加えて煮る（作り方⑤）。トマトの赤と牛乳の白が混ざり合って、明るいピンク色になる。

焼いた鶏肉を加える（作り方⑥）。鶏肉をマリネ液ごと焼かずに加える手法もあるが、一度焼いてからのほうが香ばしさが加わっていい。

【下準備】

❶丸鶏を食べやすいサイズにさばく。マリネ液の材料をすべてボウルに入れてよく混ぜ、鶏肉を漬け込んで、6時間おく。250℃のオーブンで15分焼く。
❷ニンニク、ショウガはみじん切りにする。青唐辛子は縦に切り込みを入れる。
❸トマトソースの材料をミキサーでペーストにする。カシューナッツソースの材料を混ぜ合わせて30分ほどおき、ミキサーでペーストにする。

【作り方】

1. 鍋に紅花油を熱し、ホールスパイスを入れてカルダモンがプクッと膨れるまで炒める。
2. ニンニク、ショウガ、青唐辛子を加えて炒める。
3. トマトソースを加えて水分を飛ばすように炒める。
4. カスリメティを加えて混ぜ合わせ、バターを混ぜ合わせる。
5. 湯とカシューナッツソースを加えて煮立て、弱火で30分ほど煮る。目の粗いざるで漉し、元の鍋に戻す。
6. オーブンで焼いた鶏肉を焼き汁ごと加え、生クリームを加えて10分ほど煮込む。
7. カスリメティを混ぜ合わせ、5分ほど煮る。

【材料・6～7人分】

丸鶏……1羽分
マリネ材料
・プレーンヨーグルト……100g
・トマトペースト……大さじ2
・レモン汁……大さじ1
・ターメリックパウダー……小さじ¼
・パプリカパウダー……小さじ2
・レッドチリパウダー……小さじ1
・クミンパウダー……小さじ½
・コリアンダーパウダー……小さじ½
・ガラムマサラ……小さじ¼
・マンゴーパウダー……小さじ½
・粉チーズ……大さじ1
・ハチミツ……大さじ2
ニンニク……2かけ
ショウガ……4かけ
青唐辛子……3本
トマトソース
・フライドオニオン……30g
・ホールトマト……400g
カシューナッツソース
・カシューナッツ……30g
・ポピーシード……大さじ1
・牛乳……300mℓ
紅花油……大さじ2
ホールスパイス
・カルダモン……5粒
・クローブ……5粒
・シナモン……5センチ
・ベイリーフ……2枚
・メース……ふたつまみ
カスリメティ……大さじ1
発酵バター……50g
湯……200mℓ
生クリーム……200mℓ
カスリメティ……大さじ1

ポークカレー

豚肉をマリネ用材料のペーストに漬け込むところがミソ。
酢をたっぷり使うインドの伝統的カレーの応用だが、
ここでは酢の代わりに梅酒を使っている。
辛さと甘さと酸っぱさの絶妙のバランスがポイントだろう。

【材料・6～7人分】

豚肩ロース肉……500g
マリネ材料
・紫玉ネギ……½個（100g）
・ニンニク……2かけ
・ショウガ……1かけ
・梅酒……75mℓ
・赤唐辛子……5本
・クミンシード……小さじ1
・マスタードシード……小さじ½
・ブラックペッパー……小さじ½
・シナモン……5センチ
玉ネギ……1個
香菜……½カップ
ココナッツミルクパウダー……大さじ2
湯……400mℓ
紅花油……大さじ3
ホールスパイス
・カルダモン……5粒
・クローブ……5粒
ホールトマト……100g
パウダースパイス
・パプリカ……大さじ1
・コリアンダー……大さじ1
・ターメリック……小さじ½
塩……小さじ1
砂糖……小さじ1

【下準備】

❶豚肉はひと口大に切る。紫玉ネギ、ニンニク、ショウガはザク切りにする。紫玉ネギ、ニンニク、ショウガ以外のマリネ材料を合わせ、20分ほどおく。ミキサーにマリネ用の材料をすべて入れてペースト状にする。豚肉を漬け込み、6時間程度(できれば二晩)、冷蔵庫で寝かせる。
❷玉ネギはみじん切りにする。香菜はザク切りにする。
❸ココナッツミルクパウダーを分量の湯で溶いておく。

【作り方】

① 鍋に紅花油を中火で熱し、ホールスパイスを入れてカルダモンがプクッと膨れるまで炒める。

② 玉ネギを加えて濃いキツネ色になるまで炒める。

③ ホールトマトを加えて水分を飛ばすように炒める。

④ 火を弱め、パウダースパイスと塩を混ぜ合わせ、30秒ほど炒める。

⑤ マリネした豚肉を汁ごと加えて水分が完全に飛んで、豚肉の表面全体がキッチリ色づくまで炒める。

⑥ ココナッツミルクと砂糖を加えて強火でひと煮立ちさせ、中火にして蓋をせず1時間煮込む。

⑦ 香菜を混ぜ合わせる。

豚肉をマリネする(下準備❶)。細かくつぶれたホールスパイスの香りと梅酒の風味や酸味、甘味が肉の中に染み込んでいる。

ホールトマトを加えて炒める(作り方③)。鍋底を木べらでこすって、オレンジ色の油が見えるくらいまでトマトの水分を飛ばす。

マリネした豚肉を加えて炒める(作り方⑤)。マリネ液の水分や豚肉の中に含まれる水分をキッチリ飛ばしながら炒めるのがポイント。

インドカレー（ゴールデンルールアレンジ）

材料を増やし、思いっきり豪華で深い味をめざした
アレンジ版のチキンカレー。目を引くのは
ホールスパイスの多さとフレッシュスパイスの使い方。
重層的にスパイスを重ねることで、香りに厚みをもたせている。

【材料・6～7人分】

骨付き鶏もも肉……800g
白ワイン……100mℓ
玉ネギ……1個
ニンニク……2かけ
ショウガ……2かけ
青唐辛子……2本
香菜……½カップ
ホールスパイスA
・マスタードシード……小さじ½
・フェヌグリーク……ひとつまみ
・赤唐辛子……2本
ホールスパイスB
・カルダモン……4粒
・クローブ……4粒
・シナモン……5センチ
・ベイリーフ……1枚
紅花油……大さじ3
トマトピューレ……大さじ4
プレーンヨーグルト……大さじ4
パウダースパイス
・ターメリック……小さじ½
・レッドチリ……小さじ1
・コリアンダー……大さじ1
塩……小さじ1
チキンブイヨン（P.150参照）
……300mℓ
ココナッツミルク……200mℓ
マンゴーチャツネ……大さじ1
テンパリング用
・紅花油……大さじ1
・ウラドダル……小さじ½
・パプリカパウダー……小さじ1
・カレーリーフ……10枚
●塩・コショウ・紅花油

【下準備】

❶玉ネギ、ニンニク、ショウガ、青唐辛子、香菜はみじん切りにする。

❷骨付き鶏もも肉は、関節で2つに切り分けて皮面に切り込みを入れ、塩・コショウをふる。フライパンに紅花油少々を熱して皮面から焼いて余分な脂分を拭き取りながら、表面全体にこんがりと焼き色をつけ、白ワインを加えて煮立てる。

【作り方】

① 鍋に紅花油を中火で熱し、ホールスパイスAを入れて炒める。マスタードシードがパチパチとはじけてきたら火を弱め、ホールスパイスBを加えてカルダモンがプクッと膨れるまで炒める。

② 火を強めてニンニク、ショウガ、香菜の根の部分を加えてサッと炒め、続いて玉ネギ、青唐辛子、香菜の残りを加えて、玉ネギが濃いキツネ色になるまで炒める。

③ トマトピューレを加えて水分を飛ばすように炒め、ヨーグルトを混ぜ合わせる。

④ 火を弱めてパウダースパイスと塩を混ぜ合わせて30秒ほど炒める。

⑤ チキンブイヨンを加えて煮立て、ココナッツミルクを加える。

⑥ マンゴーチャツネを加え、鶏肉を加えて弱めの中火で45分ほど煮る。

⑦ テンパリングを行う。小さめのフライパンに紅花油を熱し、ウラドダルを加えてこんがりするまで炒める。パプリカパウダーを加えて炒め合わせ、カレーリーフを加えて炒め、油ごと6の鍋に加えて混ぜ合わせる。

鶏肉をリソレし、白ワインを注ぐ（下準備❷）。焼かれた鶏皮から適度に出た脂分と白ワインが融合してうま味を生む。

パウダースパイスと塩を混ぜて炒める（作り方④）。ねっとりとしたペーストから強い香りが立ちのぼる。“カレーの素”である。

テンパリングを行う（作り方⑦）。香りを移した油を鍋にジャッと加えてよく混ぜ合わせる。香ばしい香りがカレー全体に回る。

マトンカレー

ポイントはマトンのくさみをホールスパイスとスパイスエキスの両面作戦でマスキングしているところ。
いわゆる"煎じマサラ"の手法も取り入れ、苦味を含んだ香りをプラスしている。

スパイスエキスを作る(下準備❹)。炒めて煮詰めたホールスパイスから、ほんのりとした苦味を感じる香りが抽出される。

ヨーグルトソースを加える(作り方③④)。強い火で炒めると油が分離してしまうため、弱めの中火程度で丁寧に混ぜ合わせる。

リソレしたマトンを加える(作り方⑥)。フライパンで表面を焼いたときに出る脂分は、拭き取っておいたほうがいい。

【下準備】

❶玉ネギはみじん切りにし、ニンニクとショウガはすりおろす。香菜をザク切りにする。
❷ヨーグルトソースの材料はすべてミキサーでピューレにしておく。
❸マトンには塩・コショウをふっておく。
❹スパイスエキスを作る。鍋に紅花油を熱し、スパイスをすべて加えて香りが立つまで炒める。水を注いで煮立て、弱火で30分ほど煮る。粗熱を取ってミキサーでピューレにし、目の粗いざるで漉してエキスを抽出する。

【作り方】

1. 鍋にギーを中火で熱し、ホールスパイスを入れてカルダモンがプクッと膨れるまで炒める。
2. 玉ネギを加えてキツネ色になるまで炒め、ニンニクとショウガを加えて水分が飛ぶまで炒める。
3. 4. ヨーグルトソースを加えて水分が飛ぶまで炒める。ヨーグルトと塩を混ぜ合わせてサッと炒める。
5. 分量の湯を注いで煮立て、ココナッツミルクを加えて煮る。
6. フライパンに紅花油大さじ3を熱し、マトンを加えて表面全体がほんのり色づくまで炒め、鍋に加えて蓋をせずに1時間ほど煮る。
7. スパイスエキスを加えて30分ほど煮て、香菜を混ぜ合わせる。

【材料・6～7人分】

マトン……500g
玉ネギ……1個
ニンニク……20g
ショウガ……20g
香菜の茎と葉……2株分
ヨーグルトソース
・プレーンヨーグルト……100g
・青唐辛子……3本
・香菜の根……2株分
・クミンシード……小さじ1
・フェヌグリークパウダー 小さじ1
・コリアンダーシード……大さじ1½
・カシューナッツ……20g
・砂糖……小さじ2
スパイスエキス
・紅花油……大さじ1
・ブラックペッパー……小さじ½
・フェンネル……小さじ½
・メース……小さじ½
・クローブ……6粒
・カルダモン……6粒
・水……300mℓ
ギー……大さじ2
ホールスパイス
・カルダモン……5粒
・クローブ……5粒
・シナモン……5センチ
プレーンヨーグルト……100g
塩……小さじ1強
湯……100mℓ
ココナッツミルク(缶詰)……400mℓ
●塩・コショウ・紅花油

本書で紹介したチキンブイヨンの作り方

本書で使用したチキンブイヨンは、すべて下記のレシピで調理。
でき上がり量は 1400 ～ 1500㎖。

1

鶏ガラと牛すね肉を洗い、水けを切って 250℃のオーブンで 15 分焼く。

2

鍋に分量の水を入れて 1 の鶏ガラと牛すね肉を加えて強火で煮立てる。中火にしてアクを取りながら 10 分ほど煮る。残りの材料をすべて加えて再び強火で煮立て、アクを取る。

3

弱火にして水分が減ってきたら適宜、水を足しながら 3 時間ほど煮て、漉し器で漉す。

材料

鶏ガラ	2 羽分
牛すね肉	250g
水	3ℓ
セロリ	½本
ニンジン	1 本
玉ネギ	1 個
パセリの軸	2 本分
ニンニク	3 かけ
ブラックペッパー	小さじ½
ローリエ	1 枚
ブーケガルニ	1 袋

下準備

1. セロリは茎の部分を半分に切る。
2. ニンジン、玉ネギは皮をむいてヘタを取り、半分に切る。
3. ニンニクはつぶしておく。

本書で紹介したカレーの作り方

ゴールデンルールで紹介した基本のチキンカレーとシステムカレー学で紹介したカレー4種のレシピ。

基本のゴールデンルールチキンカレー

【作り方】

1. 鍋に紅花油を中火で熱し、クミンシードを入れて香りが立つまで炒める。
2. 玉ネギを加えてキツネ色になるまで炒める。ニンニク、ショウガを加えて炒める。
3. トマトを加えて水分を飛ばすように炒める。
4. 火を弱め、パウダースパイスと塩を混ぜ合わせて炒める。
5. 分量の湯を注いで煮立てる。
6. 鶏肉を加えて中火で10分ほど煮る。
7. 香菜を混ぜ合わせる。

【材料・6〜7人分】

鶏もも肉……500g
玉ネギ……大1個（250g）
トマト……大1個（250g）
ニンニク……2かけ（20g）
ショウガ……2かけ（20g）
香菜……½カップ
紅花油……大さじ3
ホールスパイス
・クミンシード……小さじ1
パウダースパイス
・ターメリック……小さじ½
・レッドチリ……小さじ½
・コリアンダー……小さじ2
塩……小さじ1
湯……300mℓ
●塩・コショウ

【下準備】

玉ネギ、トマトは粗みじん切りにする。ニンニク、ショウガはすりおろす。鶏もも肉はひと口大に切り、塩・コショウをふる。香菜はザク切りにする。

チキンカレー（システムカレーA）

【作り方】

1. 鍋に紅花油を中火で熱し、香菜の根を炒める。
2. 玉ネギを加えて強めの中火であめ色になるまで炒める。ニンニク、ショウガを加えて炒める。
3. トマトピューレを加えて水分が飛ぶまで炒める。
4. パウダースパイスと塩を加えて炒める。
5. 分量の湯を注いで煮立てる。
6. 鶏肉を加えて煮立て、中火で5分ほど煮る。
7. 香菜のジュースを混ぜ合わせ、15分ほど煮る。

【材料・6～7人分】

鶏もも肉……500g
玉ネギ……1個
ニンニク……2かけ
ショウガ……2かけ
香菜……½カップ
水……100mℓ
紅花油……大さじ3
トマトピューレ……大さじ2
パウダースパイス
・ターメリック……小さじ½
・レッドチリ……小さじ½
・コリアンダー……小さじ2
・クミン……小さじ1
塩……小さじ1
湯……200mℓ
●塩・コショウ

【下準備】

❶玉ネギはみじん切りにする。ニンニク、ショウガはすりおろす。
❷鶏もも肉は、ひと口大に切り、塩・コショウをふっておく。
❸香菜は根をみじん切りにし、茎と葉は分量の水とミキサーでジュース状にしておく。

チキンカレー（システムカレーB）

【作り方】

1. 鍋に紅花油を中火で熱し、赤唐辛子を炒める。赤唐辛子の香りが立って、黒くなったらクミンシードを加えて香りが立つまで炒める。
2. 3. ニンニク、ショウガ、玉ネギを加えて、玉ネギがしんなりするまで炒める。
4. 火を弱め、パウダースパイスと塩を混ぜ合わせて30秒ほど炒める。
5. 分量の湯を加えて煮立てる。
6. 鶏肉を加えて煮立て、弱めの中火で5分ほど煮て、トマトを加えてさらに5分ほど煮る。
7. 香菜を混ぜ合わせる。

【材料・6～7人分】

鶏もも肉……500g
玉ネギ……大1個（250g）
トマト……大1個（250g）
ニンニク……2かけ
ショウガ……2かけ
香菜……½カップ
紅花油……大さじ3
ホールスパイス
・赤唐辛子……2本
・クミンシード……小さじ1
パウダースパイス
・ターメリック……小さじ½
・コリアンダー……小さじ2
塩……小さじ1
湯……400mℓ
●塩・コショウ

【下準備】

玉ネギは4等分にしてから繊維に沿って厚めにスライスする。ニンニク、ショウガはみじん切りにする。トマト、香菜はザク切りにする。鶏もも肉はひと口大に切り、塩・コショウをふっておく。

チキンカレー（システムカレーD）

【作り方】

1. 鍋に紅花油を中火で熱し、ホールスパイスを入れ、色づいて香りが出るまで炒める。
2. 玉ネギを加えてキツネ色になるまで炒め、ニンニクとショウガを加えて炒める。
3. 4. 5. 6. 火を弱めて❶の鶏肉をマリネ液ごとすべて加えて混ぜ合わせ、煮立てる。半量の生クリームと塩を加えて蓋をし、ごく弱火で1時間ほど煮込む。残りの生クリームを混ぜ合わせる。
7. ガラムマサラを混ぜ合わせる。

【材料・6～7人分】

鶏手羽元……700g
マリネ材料
・プレーンヨーグルト……200g
・ホワイトペッパーパウダー……小さじ½
・フェヌグリークパウダー……小さじ½
・塩……少々
・レモン汁……少々
玉ネギ……2個（400g）
ニンニク……20g
ショウガ……20g
紅花油……60㎖
ホールスパイス
・カルダモン……6粒
・クローブ……6粒
・シナモン……5センチ
・ベイリーフ……1枚
塩……小さじ1
生クリーム……200㎖
ガラムマサラ……小さじ½

【下準備】

❶ボウルに鶏肉とマリネ材料を入れてもみ込むようにして混ぜる。ラップをし、冷蔵庫で6時間ほどおく。
❷玉ネギは薄切り、ニンニクとショウガはすりおろす。

チキンカレー（システムカレーF）

【作り方】

1. 鍋に紅花油を中火で熱し、クミンシードを入れて香りが立つまで炒める。
2. 玉ネギを加えてあめ色になるまで炒める。ニンニク、ショウガを加えて水分が飛ぶまで炒める。
3. トマトピューレを加えて水分を飛ばすように炒める。
4. パウダースパイスと塩小さじ½を加え、香ばしい香りが立つまでしっかり炒める。
5. 赤ワインを加えてアルコール分を飛ばし、しょうゆとチキンブイヨンを加えて煮立てる。
6. 鶏肉と❸のカラメルを加えて弱火で1時間ほど煮て、塩で味を調整する。

【下準備】

❶玉ネギは薄切り、ニンニクとショウガはすりおろす。
❷鶏肉はひと口大に切り、塩・コショウをしておく。
❸カラメルを作る。フライパンに砂糖を入れて加熱する。こんがりしてきたら焦げる直前で水を注いで全体を混ぜ合わせる。

【材料・6～7人分】

鶏もも肉……500g
カラメル用
・砂糖……大さじ1
・水……適量
玉ネギ……2個
ニンニク……15g
ショウガ……20g
紅花油……大さじ3
ホールスパイス
・クミンシード……小さじ½
トマトピューレ……100g
パウダースパイス
・ターメリック……小さじ¼
・レッドチリ……小さじ1
・コリアンダー……小さじ2
・ブラックペッパー……小さじ1
・クローブ……小さじ¼
・カスリメティ……小さじ½
・ガラムマサラ……小さじ½
赤ワイン……50mℓ
しょうゆ……大さじ1
チキンブイヨン（P.150参照）
……600mℓ
●塩・コショウ

カレー別スパイス使用頻度

スパイス	登場頻度	ポークカレー	インドカレー（ゴールデンルールアレンジ）	マトンカレー	基本のゴールデンルールチキンカレー	チキンカレー（システムカレーA）	チキンカレー（システムカレーB）	チキンカレー（システムカレーD）	チキンカレー（システムカレーF）
クミン	14回	●		●	●	●	●		●
コリアンダー	14回	●	●	●	●	●	●		●
ターメリック	13回	●	●		●	●	●		●
クローブ	11回	●	●	●				●	●
カルダモン	10回	●	●	●				●	
レッドチリ	10回		●		●	●			●
シナモン	10回	●	●	●				●	
フェヌグリーク	8回		●	●				●	
パプリカ	8回	●	●						
香菜	8回	●	●	●	●	●	●		
フェンネル	6回			●					
ポピーシード	6回								
ホワイトペッパー	6回							●	
ジンジャー	5回								
ナツメグ	5回								
チンピ	5回								
ディル	5回								
青唐辛子	5回		●	●					
赤唐辛子	4回	●	●				●		
ベイリーフ	4回		●					●	
ブラックペッパー	4回	●		●					●
ガラムマサラ	4回							●	●
マスタードシード	3回	●	●						
カスリメティ	3回								●
メース	2回			●					
カレーリーフ	2回		●						
ブーケガルニ	2回								
粒マスタード	1回								
レモングラス	1回								
スウィートバジル	1回								
コブミカンの皮	1回								
コブミカンの葉	1回								
ナツメグ	1回								
ヒング	1回								
使用種類		11種	14種	11種	5種	5種	5種	7種	8種

スパイス	登場頻度	ビーフカレー	欧風カレー（ゴールデンルールアレンジ）	エビカレー	キーマカレー	カレー丼	タイカレー（ゴールデンルールアレンジ）	野菜カレー	チキンカレー
クミン	14回	●	●	●	●	●	●	●	●
コリアンダー	14回	●	●	●	●	●		●	●
ターメリック	13回	●	●	●	●	●		●	●
クローブ	11回	●	●	●	●	●			●
カルダモン	10回	●	●	●	●	●			●
レッドチリ	10回	●	●	●	●	●			●
シナモン	10回	●	●	●	●	●			●
フェヌグリーク	8回	●	●	●	●	●			
パプリカ	8回	●	●	●	●	●			●
香菜	8回						●	●	
フェンネル	6回	●	●	●	●	●			
ポピーシード	6回	●	●	●	●	●			●
ホワイトペッパー	6回	●	●	●	●	●			
ジンジャー	5回	●	●	●	●	●			
ナツメグ	5回	●	●	●	●	●			
チンピ	5回	●	●	●	●	●			
ディル	5回	●	●	●	●	●			
青唐辛子	5回						●	●	●
赤唐辛子	4回							●	
ベイリーフ	4回				●				●
ブラックペッパー	4回						●		
ガラムマサラ	4回	●							●
マスタードシード	3回							●	
カスリメティ	3回							●	●
メース	2回								●
カレーリーフ	2回			●					
ブーケガルニ	2回	●	●						
粒マスタード	1回			●					
レモングラス	1回						●		
スウィートバジル	1回						●		
コブミカンの皮	1回						●		
コブミカンの葉	1回						●		
ナツメグ	1回						●		
ヒング	1回							●	
使用種類		18種	17 種	18種	17 種	16 種	9 種	9 種	14 種

おわりに

玉ネギを炒めるときにハチミツを加えるとあめ色になりやすくてカレーがおいしくなる。ある料理家が本の中でそう書いていた。ほんとうに⁉　また私の悪いクセが出てしまう。ハチミツを炒めると聞いてすぐに頭に浮かぶのは、砂糖を加熱するキャラメリゼである。クレームブリュレの表面がこんがりとしているのと同じで、確かに色はあめ色にはなりそうだ。でも、そのあめ色と玉ネギを炒めたあめ色とは意味が違う。

実際に試してみる。玉ネギの表面に絡んだハチミツは、玉ネギの水分が十分に抜け出す前にこんがりと色づき始める。結果、見た目だけで言えばあめ色玉ネギは時間をかけずにできあがった。でも予想したとおり、それは私のイメージするあめ色玉ネギではなかった。

水分がきっちり抜けて玉ネギの形がつぶれ、十分に加熱されて香味と甘味が引き立った状態が理想だが、目の前にあるものは、玉ネギ自体の加熱が足りない分をキャラメリゼされたハチミツの香味と甘味が補って、結果として似たような味わいをもたらしているのである。

玉ネギがあめ色になる＝カレーがおいしくなる。これはカレーの世界をずっと支配し続けている考え方である。あめ色がいいかどうかは作ろうとするカレーの狙いによって違うと言いたいところだが、ひとまずそれはおいておくとして、あめ色の玉ネギにもいろいろな状態があるということは声を大にして言いたい。

玉ネギ全体をじわじわと加熱し、きっちり脱水をしながら形をつぶしてあめ色にしたものと、玉ネギの中に水分を残したまま強火で表面だけをこんがりさせる手法であめ色にしたもの、ハチミツでコーティングしながらあめ色にしたものでは、見た目の色は同じように見えるかもしれないが、その味わいはまったく違う。

玉ネギがあめ色になるというのは、調理をした結果、目の前に現れる〝事象〟である。教科書のなかったカレーの世界では、経験に裏打ちされた無数の事象ばかりがはびこってきた。だから「何をしたらどうなるか?」については多くのサンプルが揃っているが、「なぜそうなるのか?」や「そのとき何が起こっているのか?」については取り立てて語られてこなかったのだ。

事象は事象のままで放置されるべきではなく、論理的に分析され、体系化されるべきだと私は考える。カレーを体系化しようなどと考えるのは日本人ならではなのかもしれない。私がよく知るシェフが玉ネギの切り方による味の違いについてインド人シェフに尋ねたところ、こんな返事が返ってきたという。「Onion is onion.God gives the same taste.（玉ネギなんてどう切ったって同じだよ)」。これではまったく話にならない。

カレーの世界に理由の説明できない魔法のテクニックなどは存在しない。もちろんゴールデンルールがもれなくすべてのカレーを網羅しているとは言わないが、例外があるとすれば、それがなぜ例外なのかを検討することでより深くカレーの本質が見えてくると思う。ルールがある意義はそこにある。

さて、本書はたとえば将棋の世界で言えば、「定跡本」のようなものだと思っている。知らずにいてもそれなりに人をうならせる将棋は指せる。ただし、ひとたび定跡を習得した相手と対局すると、まるで歯が立たない。基礎を十分知ってから応用をした人のカレーとはじめから独創的なアイデアに頼ってたどり着いたカレーとは、単純に結果として生まれる味だけについての比較をするなら「好みの問題」と片づけられても仕方がないが、そのポテンシャルはまったく別のものだと信じている。

ただし、定跡は進化する。現に将棋の世界では時代とともに次々と新しい手法やシステムが生まれ、間違いは修正されている。もしかしたら……、と考える。いつかこの『カレーの教科書』に書かれている内容が覆される日がやってくるかもしれない。十分あり得ることだ。それをするのは私自身なのかもしれないし、ほかの誰かなのかもしれない。3年後かもしれないし、30年後になるかもしれない。そのときカレーの体系はさらに進み、この世界はまた大いに進化することとなる。そんな未来を想像すると、私は嬉しくてゾクゾクしてしまう。

いつかこのような本を出したいと着想したのは10年ほど前。具体的に制作に着手してからは3年ほどがかかった。手塩にかけて大事に育てた一冊で、使い倒すほどに味わいが増す内容だと自負している。ぜひサンドバッグのように乱暴に叩きのめしていただきたい。それが著者としての本望である。

２０１３年３月　水野仁輔

参考文献（P.63）

1.「PRASHAD」J Inder Singh Kalra 著　（ALLIED 刊）
2.13.14.「India Cookbook」　Pushpesh Pant 著　（PHAIDON 刊）
3.8.「The Cinnamon Club Cookbook」　Iqbal Wahhab & Vivek Singh 著　（ABSOLUTE PRESS 刊）
4.6.7.16.17.20.「Complete Indian Cookbook」　Michael Pandya 著　（Hamlyn）
5.「PRASHAD」J Inder Singh Kalra 著　（ALLIED 刊）
9.「the ultimate Indian cookbook」　MRIDULA BALJEKAR 著　（OM刊）
10.「Classic Indian Cooking」　Julie Sahni 著　（WM Morrow）
11.「the food of india」　（MURDOCH BOOKS 刊）
12.「Good Housekeeping Indian Cookery」　MEERA TANEJA 著　（EBURY PRESS 刊）
15.「Quick & Easy Indian Cooking」　Michael Pandya 著　（COLLINS 刊）
18.「complete book of Indian cooking」　Suneeta Vaswani 著　（Robert ROSE 刊）
19.「The complete book of Indian cooking」　Shehzad Husain & Rafi Fernandez 著　（OM 刊）

参考文献

伏木亨『コクと旨味の秘密』（新潮新書）
小菅桂子『にっぽん洋食物語』（新潮社）
大塚滋『カレーライスがやって来た』（朝日文庫）
吉田よし子『香辛料の民族学』（中公新書）
石毛直道『食卓の文化誌』（岩波現代文庫）
石毛直道・大塚滋・篠田統『食物誌』（中公新書）
小泉武夫『食に知恵あり』（日経ビジネス文庫）
武政三男『スパイスのサイエンス　PART 1・2』（文園社）
河野友美『新版　おいしさの科学　味を良くする科学』（旭屋出版）
河野友美『きょうの料理　味のしくみ』（日本放送出版協会）
的場輝佳・西川清博・加藤万紀子『西洋料理のコツ』（Gakken）
辻調理師専門学校『辻調が教えるおいしさの公式　西洋料理』（ちくま文庫）
水野仁輔『カレーライスの謎』（角川 SSC 新書）
水野仁輔『知識ゼロからのカレー入門』（幻冬舎）
水野仁輔『カレーの法則』（NHK出版）
水野仁輔『カレーの鉄則』（NHK出版）
LOVE INDIA 実行委員会『LABO INDIAvol1 ～ 10』（イートミー出版）

スタッフ

取材&文
嶋中 労

撮影
青山紀子

スタイリング
曲田有子

デザイン
佐藤芳孝

編集
佐野朋弘、上杉幸大（以上、NHK 出版）

校正
鶴田万里子、中沢悦子

取材協力

辻調理師専門学校
　西洋料理専任教授　三木敏彦
人間総合科学大学　玉木雅子准教授
マスコットフーズ株式会社

水野仁輔　カレーの教科書

2013（平成25）年5月20日　第1刷発行
2017（平成29）年6月25日　第6刷発行

著者　水野仁輔

発行者　小泉公二
発行所　NHK出版
〒150-8081　東京都渋谷区宇田川町 41-1
電話　0570-002-048（編集）
0570-000-321（注文）
ホームページ　http://www.nhk-book.co.jp
振替　00110-1-49701
印刷・製本　共同印刷

ISBN 978-4-14-033280-1　C2077